新时代高职学生
资助制度工作研究和实践

吴宝军 ◎ 著

吉林出版集团股份有限公司

图书在版编目（CIP）数据

新时代高职学生资助制度工作研究和实践 ／ 吴宝军
著 ． -- 长春：吉林出版集团股份有限公司，2021.11
ISBN 978-7-5731-0647-6

Ⅰ．①新… Ⅱ．①吴… Ⅲ．①高等职业教育—助学金
—教育制度—研究—中国 Ⅳ．①G719.22

中国版本图书馆 CIP 数据核字（2021）第 234845 号

新时代高职学生资助制度工作研究和实践

著　　者	吴宝军
责任编辑	滕　林
封面设计	林　吉
开　　本	787mm×1092mm　　1/16
字　　数	210 千
印　　张	9.5
版　　次	2021 年 11 月第 1 版
印　　次	2021 年 11 月第 1 次印刷
出版发行	吉林出版集团股份有限公司
电　　话	总编办：010-63109269
	发行部：010-63109269
印　　刷	北京宝莲鸿图科技有限公司

ISBN 978-7-5731-0647-6　　　　　　　　　　　　定价：82.00 元

前　言

高职院校若想实现长足发展，创新资助方式势在必行。精准化资助作为一种新型的资助方式，目前在各个高职院校得到广泛运用，不但满足教育事业可持续发展的实际需求，还保证了人才培养质量。因此，相关部门要高度重视精准化资助，通过科学开展资助工作，确保贫困学生得到有效培养，实现贫困学生和高职院校长足发展，一举多得，为提高现代化社会建设水平提供有利条件。

教育公平是社会公平的重要基础，建立健全学生资助政策体系，保障所有家庭经济困难学生都有平等接受教育的机会，最终促进教育公平，是国家的基本教育政策。高职院校精准资助制度是以精准为资助理念，通过完善学生奖、助、贷、减、免等制度，从资助对象、资助措施、资助成效等方面实现对困难学生的精准帮扶。构建高校精准学生资助政策体系的关键，首先是要弄清"精准资助"的内涵及其实施目标。根据我国高校已经建立健全的高校学生资助政策体系现状，以及新形势下做好高校家庭经济困难学生精准资助工作的新要求和新任务，"精准资助"即指运用科学有效的程序对普通高校资助对象实施精确识别、精确帮扶、精确管理、精确评价的助学方式，在我国普通高校已初步建立、较为完善的学生资助体系基础上，通过对资助政策的系统化、精细化，以及资助队伍的专业化、职业化等措施，对家庭经济困难学生认定实施精确量化、对奖助学评定进行流程细化、对资助培养目标评价实现标准化等，努力创建更加符合高等教育发展规律和高校资助工作特点的精准资助体系，以此推动高校学生资助工作管理精确、高效和持续改进，从而进一步促进教育公平。

本书基于新时代背景，对高职学生资助制度工作进行研究，首先概述了我国高职院校学生资助政策发展，然后详细分析了国外高等教育资助、我国奖助学金制度、我国高职院校学生助学贷款制度、我国高职院校精准学生资助政策体系的主要架构及可持续发展措施，最后重点探讨了高校贫困生资助体系运行机制的完善，并对新时代高职学生资助制度工作进行总结和研究。需要说明的是，本书在具体编写的过程中，参考和借鉴了诸多相关专业的书籍与资料，在此对相关作者表示感谢。由于作者水平所限，书中不妥之处在所难免，在此恳请广大读者朋友不吝批评，并提出宝贵意见，不胜感激。

编　者

2021 年 3 月

目 录

第一章　我国高职院校学生资助政策的发展

　　随着我国高等教育的不断发展，大学教育由精英教育向大众教育逐步转型，在校家庭经济困难学生比例不断增加，高校困难学生助学问题早已成为全社会普遍关注的热点问题。高校困难学生资助工作事关广大学生和家长的切身利益，事关党和政府的形象，更是保证我国高等教育持续、健康发展，维护学校乃至社会稳定大局的工作。为此，党中央、国务院高度重视家庭经济困难学生资助工作，为使家庭经济困难学生都能够顺利入学，"十二五"期间，特别是党的十八大以来，先后颁布实施了一系列学生资助政策制度，逐步建立健全了高校学生资助政策体系，使我国高等教育发展进入了一个追求公平的历史新阶段。

　　建立高校精准学生资助政策体系，是实践"三个代表"重要思想、落实科学发展观、构建社会主义和谐社会的重要举措；是实现科教兴国战略、人才强国战略，优化教育结构，促进教育公平和社会公正的有效手段；也是切实履行公共财政职能，推进基本公共服务均等化的必然要求；更是贯彻落实国家关于打赢脱贫攻坚战决定，从教育扶贫到教育脱贫，从扶助完成学业到阻断贫困代际传递，对学生资助工作定位的进一步深化。本章在重点讨论构建高校精准学生资助政策体系意义的同时，回顾了新中国成立后我国高职院校学生资助政策体系的演变历程，并简要分析了高校学生资助政策体系的基本要素。

第一节　我国高职院校构建学生资助政策体系的意义

　　百年大计，教育为本。教育涉及千家万户，惠及子孙后代，关系国家前途命运，是民族振兴的基石，是构建社会主义和谐社会的重要内容。在教育事业加快发展的过程中，一个非常重要的问题就是，如何保障家庭经济困难学生公平享有受教育的权利和机会，使这些孩子不因家庭经济困难而辍学。2007年，党中央、国务院总揽全局、高瞻远瞩，做出建立健全高等学校家庭经济困难学生资助政策体系的重大决策，决定自2007年秋季学期开学实施新资助政策。

　　建立健全我国普通高校家庭经济困难学生资助政策体系是党中央、国务院根据新形势、新任务的要求，及时做出的一项造福当代、惠及子孙、影响深远的重大决策，是继农村义务教育经费保障机制改革之后，以科学发展观为统领，促进教育公平，确保高校和谐，实现社会发展的又一件大好事，具有重大的现实意义和深远的历史意义。

一、建立家庭经济困难学生资助政策体系，是当前形势下国家在教育领域保障和改善民生的重要举措

党和国家历来高度重视保障和改善民生问题，把不断改善民生作为社会建设的重点，作为实现以国家富强、民族振兴、人民幸福为主要内容的"中国梦"的题中之义和最终理想，坚持摆在更加突出的位置。"国以民为本，民以食为天"是我国古代朴素的民本思想，也是对民生问题重要性的认识。民生问题，简单地说，就是与百姓生活密切相关的问题，最主要表现在吃穿住行、养老就医、子女教育等生活必需上面。民生连着民心，民心凝聚民力。关注民生、重视民生、保障民生、改善民生，同党的性质、宗旨和目标一脉相承。解决好民生问题，就是要加大改善民生工作的力度，采取扎实有效的措施，切实解决好人民群众最关心、最直接、最现实的利益问题。时任国务院总理温家宝于 2008 年 3 月在第十一届全国人民代表大会第一次会议上的《政府工作报告》中指出，中国政府将更加注重社会建设，着力保障和改善民生，坚持优先发展教育，进一步提高高等教育质量，加大教育事业投入，其中中央财政专项教育投入由 2007 年的 1076 亿元增加到 1562 亿元；同时指出，进一步完善国家助学制度，加大对中等职业学校和高等学校家庭经济困难学生的资助，确保人人享有平等的受教育机会，不让任何一个孩子因家庭经济困难而失学。特别是自 2012 年后，以习近平同志为核心的新一届中央领导集体上任后，国家更是进一步加大中央财政经费教育投入，国务院总理李克强在每年召开的全国"两会"政府工作报告上，将健全国家助学体系、提高学生资助水平纳入年度工作计划进行部署。

无论遇到多么大的困难，中央领导始终表示，党和国家促进教育公平的决心不会改变，扶助经济困难学生的政策措施不会改变，保障每一个孩子不因家庭经济困难而失学的承诺不会改变，并坚持切实把建立健全资助政策体系作为履行政府公共财政职能的重要内容，作为在当前形势下保障民生、保持经济平稳较快增长的重要措施，以百倍的信心和扎实的工作，抓重点、解难题、办实事，确保家庭经济困难学生"应助尽助""应补尽补"，把党和政府的温暖送到受资助同学的心坎上。通过建立健全资助政策体系，使中央提出的保障和改善民生的精神在教育战线得到实实在在的落实。

二、建立家庭经济困难学生资助政策体系，是党和国家为建设创新型国家和人力资源强国，落实教育公平而采取的重要举措

中华人民共和国成立近 70 年，特别是自改革开放至今，我国走过了极不平凡的历程，取得了举世瞩目的辉煌成就，成为一个对世界具有重要影响力的大国，教育在其中发挥了举足轻重、不可替代的重要作用。当前，我国现代化建设正站在一个新的起点上，在中国

从大国走向强国的历史进程中，教育仍将发挥基础性、先导性、全局性作用。因此，中央把教育摆在优先发展的战略地位，并作为现代化建设必须始终坚持的重大方针。

教育公平是教育优先发展的前提。这是我党执政理念的鲜明体现，是社会主义制度的本质要求，是实现社会公平的重要基础，也是人民群众的要求和期盼。没有教育公平，就没有教育的科学发展，就没有人民满意的教育，就没有社会的和谐稳定。党和国家始终把坚持教育公益性和促进教育公平作为基本教育政策，切实保障全体人民特别是困难群体的受教育权，保障每一个孩子不因家庭经济困难而失学。近年来，特别是自 2007 年以来，中央和地方各级政府采取一系列重大举措，在高等学校逐步建立了家庭经济困难学生资助政策体系，全国普通高校资助学生总金额从 2008 年的 293.7 亿元，增加到 2015 年的 847.97 亿元，增幅 188.73%，资助学生人数逐年增大，每年总体资助面持续超过 20%，基本解决了家庭经济困难学生的就学难问题。这是维护教育公平的一个重要环节，充分体现了党和政府对大学生的殷切期望，对培养拔尖创新人才和各类优秀人才的高度重视，也充分证明了教育机会均等已成为政府教育发展政策的基石。可以说，家庭经济困难学生资助政策体系是国家对困难学生资助强度最大、资助范围最广、财政投入最多的制度安排，是困难学生得到实惠最多、人民群众最满意的制度安排。

三、建立家庭经济困难学生资助政策体系，是促进我国教育事业持续协调健康发展的重大策略

立足于我国现代化建设的全局，为了满足国家对高级人才的需求和广大人民群众希望子女能更多地接受高等教育的愿望，提高全民族的整体素质，面对 21 世纪的激烈竞争和挑战，为我国实现第三步发展战略提供足够的人才支持，党中央、国务院于 1999 年做出了进一步扩大高等学校招生规模的重大决策，当年全国普通高校招生规模从 1998 年的 108 万人扩大到 159 万人。经过各方面多年的共同努力，2005 年全国普通高校招生规模为 504 万人，之后由于我国决定稳定规模，重点提高教学质量，到 2009 年全国普通高校招生规模为 629 万人，是 1999 年的 3.96 倍，到 2015 年全国普通高校招生规模高达 700 万人，是 1999 年的 4.4 倍，全国普通高校的高考录取率已由 1998 年的 36% 提高到 74.3%。而在 2007 年，全国各类高等教育在学人数已达 2700 万，居世界第一位。这样的发展速度，是我国以往从来没有过的，在世界高教史上也极为罕见。通过扩招，使我国高等教育的规模发生了巨大变化，有效地缓解了高等教育长期形成的"供求"矛盾与压力，大大地提高了办学效益，充分发挥了高等学校的办学潜力，推动了各项相关高校改革的不断深化，也为 21 世纪实现中华民族的伟大复兴做了人才方面的必要准备。尽管扩招工作还存在不少矛盾和困难，但总体上进展健康平稳，受到了社会各界的一致欢迎与好评，也得到了党中央、国务院的肯定。

"百年大计，教育为本。"高等教育承担着培养高级专门人才、发展科学技术文化、促进社会主义现代化建设的重大任务。提高质量是高等教育发展的核心任务，是建设高等

教育强国的基本要求。根据我国的具体国情，积极发展我国高等教育的根本出路，一是靠改革，二是以政府为主，多渠道不断增加投入。而经过十余年来的实践与探索，逐步建立实施的普通高等学校家庭经济困难学生资助政策体系，在保证了每个被录取的大学生都不能因家庭困难而失学的同时，丰富健全了以政府投入为主、多渠道筹集教育经费的体制，进一步调整了高等教育财政投入的格局，促进了我国教育事业持续健康、更快更好地发展。

四、建立家庭经济困难学生资助政策体系，是贯彻落实科学发展观，构建社会主义和谐社会，维护学校和社会稳定的基本要求

构建社会主义和谐社会是党中央在新时期提出的治国理念和治国方针。《中共中央关于构建社会主义和谐社会若干重大问题的决定》全面深刻地阐明了社会主义和谐社会的性质和定位，指出社会主义和谐社会是人与人、人与自然、人与社会之间的协调发展，是生产力与生产关系、经济基础与上层建筑之间的协调发展。但现阶段，国家金融危机、消费物价指数 CPI 持续上涨等因素以及国内城市、区域经济社会发展不均衡等原因，导致了社会成员收入差距快速拉大，一些家庭难以负担子女接受高等教育的费用，造成高校家庭经济困难学生人数、比例不断增加。高校家庭经济困难学生群体已成为社会普遍关注的热点，并直接影响到社会和谐发展的大局以及高校的稳定与发展。

和谐社会是以人为本的社会，构建和谐社会需要和谐发展的人。高校作为培养社会主义事业建设者和接班人的重要阵地，其最终目的就是促进人的全面发展，培养身心和谐的人。因此，在构建社会主义和谐社会建设中，高校肩负着培养全面和谐大学生、建设和谐校园的重任。而家庭经济困难学生群体，由于经济上的压力极易导致自身产生自卑、焦虑、封闭、敏感等心理问题，容易滋生报复他人与社会的不良情绪，从而诱发各种潜在的不稳定因素。所以，家庭经济困难学生在学习、生活上的问题直接影响着高校的稳定和发展大局，并成为影响和谐校园构建的重要因素。通过建立高校资助政策体系，不断完善资助政策和措施，基本形成了以国家奖助学金、助学贷款、勤工助学、学费补偿贷款代偿、特殊困难补助和学费减免为主体的多元化的家庭经济困难学生资助政策体系，从政策、制度上根本解决了家庭经济困难学生学习和生活上的问题，在一定程度上有效缓解了高校家庭经济困难学生的生活困难，对于保证家庭困难学生享有受高等教育的权利，维护校园的和谐稳定，构建和谐社会起到了重要的作用。

五、建立家庭经济困难学生资助政策体系，是履行政府公共财政职能的重要体现

公共财政的核心是满足社会公共需要，实现经济社会的协调发展。教育是重要的社会公共事业，既是提高国民素质的重要手段，也是促进经济社会发展的原动力。由于教育对经济发展和社会进步具有举足轻重的促进作用，因此，加大教育投入，保障贫困学生顺利完成学业，是政府不可推卸的责任，是公共财政的重要职能。

早在 20 世纪 90 年代初，我国政府就提出要在 20 世纪末实现国家财政性教育经费支出占 GDP 的比重达到 4% 的目标。但进入 21 世纪后，财政性教育经费支出占 GDP 的比重始终徘徊在 3% 左右，且这一比例在 2003 年至 2004 年之间竟出现下滑，甚至无法达到 3%，特别是 2008 年受国际金融危机和经济下滑等因素影响，全国财政收入尤其是税收收入下滑较快，导致各级财政收支矛盾，然而，党中央依然努力克服收入矛盾，优化存量、调整结构，最大限度整合财力，逐年加大教育经费投入总量。到 2010 年，也就是 21 世纪第一个十年结束之际，国家财政性教育经费支出占国内生产总值的比重提高到 3.66%，并于 2012 年，国家财政性教育经费支出增加到 2.2 万亿元，占 GDP 的比例达到 4.28%，首次实现并超额完成 4% 的既定目标。通过加大财政性教育经费支出比例，特别是家庭经济困难学生资助经费投入，千方百计地保障了学生资助政策落到实处，逐步形成了国家公共财政教育投入体系，并本着公平的原则，完善实施一系列资助政策，为低收入家庭学生提供更多的受教育机会，以便共同分享经济增长的成果。2010 年 5 月，由国务院常务会议审议通过并发布实施的《国家中长期教育改革和发展规划纲要（2010—2020 年）》指出，各级党委和政府要把优先发展教育作为贯彻科学发展观的基本要求，切实保证经济社会发展规划优先安排教育发展，财政资金优先保障教育投入，公共资源优先满足教育和人力资源开发需要；同时强调，教育投入是支撑国家长远发展的基础性、战略性投资，是教育事业的物质基础，是公共财政的重要职能；要健全以政府投入为主、多渠道筹集教育经费的体制，按增值税、营业税、消费税的 3% 足额征收教育费附加，专项用于教育事业；逐步提高国家财政性教育经费支出占国内生产总值比例；健全国家资助政策体系，完善家庭经济困难学生资助政策体系，推进生源地信用助学贷款，根据经济发展水平和财力状况，建立国家奖助学金标准动态调整机制。家庭经济困难学生资助政策体系的健全，充分体现了公共财政的职能作用，是政府实现公共服务的具体体现。

六、建立家庭经济困难学生资助政策体系，是加强和改进学生思想政治教育，达到教书育人目的的重要内容

培养什么人、如何培养人，是我国社会主义教育事业发展中必须解决好的根本问题。要使大学生成长为中国特色社会主义事业的合格建设者和可靠接班人，不仅要大力提高他们的科学文化素质，更要大力提高他们的思想政治素质。只有真正做好这项工作，才能确保党和人民的事业代代相传、长治久安。党中央、国务院在新形势下，充分认识到进一步加强和改进大学生思想政治教育工作的重要性和紧迫性，不断增强历史责任感和使命感，坚定信心，狠抓落实，切实把大学生思想政治教育工作提高到一个新的水平。

《中共中央、国务院关于进一步加强和改进大学生思想政治教育的意见》（中发〔2004〕16 号）明确指出，加强和改进大学生思想政治教育是一项重大而紧迫的战略任务，应坚持做到教书与育人相结合、坚持政治理论教育与社会实践相结合、坚持解决思想问题与解决实际问题相结合，并强调，要进一步加强经济困难大学生的资助工作，以政府投入

为主，多方筹措资金，帮助经济困难大学生完成学业，为大学生成长成才创造条件。意见颁布实施十多年来，在开展大学生思想政治教育工作中，始终坚持"以育人为本，以学生为主体"，坚持与解决学生的实际困难相结合。家庭经济困难学生作为高校重要的学生群体，已成为大学生思想政治工作帮扶的重点对象。随着大学生思想政治教育工作的逐步深入，形成了以国家助学贷款为主体，包括奖助学金、勤工助学、学费补偿贷款代偿、特殊困难补助和学费减免在内的多元化困难学生资助政策助学体系，切实帮助他们解决生活困难和思想问题。

思想政治教育工作是为了育人，高校资助工作同样是具有育人功能的。高校坚持以为学生解决实际困难为出发点，把国家实施资助政策体系和学校的思想政治教育工作相结合，做到物质助人、精神育人，通过加强诚信感恩、自强自立、勤俭节约等主题教育内容，不但发挥资助与育人的双重功效，更能够发挥思想政治教育工作的内在功能，真正实现增强学生本人自主解决经济困难的能力和信心，最终促进学生全面、均衡发展，达到教育教书育人的目的。

七、建立家庭经济困难学生资助政策体系，是弘扬中华民族扶贫济困的优良传统，创新扶贫开发工作机制，是打赢脱贫攻坚战的重要载体

缓解和消除贫困，最终实现全国人民的共同富裕，是社会主义的本质要求，是中国共产党和中央人民政府义不容辞的历史责任。改革开放以来，特别是实施《国家八七扶贫攻坚计划》以来，我国贫困现象明显缓解，贫困人口大幅度减少。到 2000 年年底，在短短 20 多年时间里，解决了两亿多贫困人口的温饱问题，全国农村贫困人口的温饱问题已经基本解决。进入 21 世纪以来，由于社会发展成本的提高以及边际效益的递减，扶贫减贫问题前所未有地受到国家和社会的广泛关注和重视，我国的反贫困战略也面临着新的机遇和挑战。2011 年 12 月，国家印发实施的《中国农村扶贫开发纲要（2011—2020 年）》明确提出要求，要逐步提高扶贫标准，加大扶贫开发投入和工作力度，以基本消除绝对贫困现象为首要任务，以更大的决心、更强的力度、更有效的举措，巩固温饱成果，提高贫困人口的生活质量和综合素质，逐步改变贫困地区经济、社会、文化的落后状况，为达到小康水平创造条件。特别是 2014 年年初，中央办公厅根据 2013 年 11 月习近平总书记在湖南考察时首次提出"精准扶贫"指示后推动的"精准扶贫"思想落实以及 2015 年 11 月底习近平在中央扶贫开发工作会议发表的重要讲话中，明确指出了"十三五"期间脱贫攻坚目标，并强调要坚持精准扶贫、精准脱贫，通过采取保障农村贫困人口义务教育等措施，做到因户施策、因人施策，坚持以更大的决心、更明确的思路、更精准的举措、超常规的力度，坚决打赢脱贫攻坚战，确保到 2020 年所有贫困地区和贫困人口一道迈入全面小康社会。而我国实现农村贫困人口脱贫，解决区域性整体贫困，特别是提高贫困人口的综合素质，改变贫困人口的社会、文化落后状况最主要的途径之一就是教育，因为提高教育是贫困人口摆脱贫困的最好出路，更是让处于社会底层的人通过个人奋斗改变处境的上行通道。

受教育程度低，是贫困家庭难以摆脱贫困的根本原因。长期以来，由于教育落后，农村贫困人口的文化素质一直偏低，文盲率较高，有些地方整体平均文化程度还不足小学水平，远远低于全国平均水平。由于劳动力文化程度低，致使就业创业能力差，导致家庭收入低，难以摆脱贫困。同时，这种状态具有明显的传递性。因此，扶贫开发机制的创新关键就是教育扶贫上的创新，重点加大对贫困家庭子女的扶贫助困，为家庭经济困难的孩子提供更多受教育的机会，提高就业创业技能，全面增强贫困家庭子女群体身体素质、文化素质和思想素质，实现减少贫困人口，逐步完成扶贫开发，特别是打赢"十三五"期间脱贫攻坚战的光荣历史使命。

第二节　国外高校学生资助政策体系的演变及启示

大学生资助是与近代大学教育一起出现的，开展大学生资助政策是一个各国都普遍存在的现象。在过去多个世纪里，各国对大学生的资助事业一直随着高等教育的发展而发展，资助方式及措施日趋完善。但由于受到本国政治、社会、经济和传统的制约以及在"高等教育成本分担"的前提下，各国资助方案各有不同，逐步形成了自己的大学生资助政策体系。

一、大学生资助理念的发展过程

纵观西方国家大学生资助理念的发展过程，大致可分为三个阶段：慈善阶段（11世纪至18世纪末）、教育公平阶段（19世纪至20世纪70年代初）和教育成本分担阶段（20世纪80年代至今）。

（一）第一阶段：慈善阶段（11世纪至18世纪末）

1087年，西方世界第一所大学博洛尼亚大学在意大利诞生，随后巴黎大学于12世纪初期在法国成立。这两所大学与意大利的萨莱诺大学并称为欧洲最早的3所大学，被誉为"欧洲大学之母"。之后受此影响，大学蓬勃发展，英国剑桥大学、美国哈佛大学相继诞生。在它们形成过程中就建立了众多的目的旨在向在校大学生提供帮助的学院，其主要功能就是为贫困学生提供寄宿和学习的场所，并为他们进行经济上的资助。据牛津大学校史记载，早在13世纪，牛津大学的一些学院就开始制定大学生资助章程，对资助"贫困学生"的数额、标准和办法进行了详细规定。

从11世纪欧洲大学诞生到18世纪末，慈善和宗教的理念一直是支撑欧美国家大学生资助事业的基石，因此，这个阶段中主要存在两种资助方式。一种是纯粹的慈善方式。一些富有的慈善者、教会和大学的创立者在学校设立资助金。有的资助者要求学校将资助金直接发放给指定范围的贫困生，如同乡、家族成员、亲友。另一种是有条件的资助方式。受助者是神学专业或者与宗教神学有密切关系的学校或专业的学生。他们至少是虔诚的教徒，能够按时到教堂做祈祷、唱赞美诗。这些受益学生在完成学业后，担任教士、神职人员，或者受教会指派传播宗教。在英国的牛津、剑桥等大学以及教会大学中至今还有许多以承担宗教义务为前提条件的资助项目。

（二）第二阶段：教育公平阶段（19 世纪至 20 世纪 70 年代初）

被马克思誉为"第一部人权宣言"的美国《独立宣言》的起草者杰斐逊，在人类历史上第一次从"人生而平等"的视角，阐述向贫困学生提供经济资助的政治意义以及资助理念。随着时间的推移，杰斐逊崭新的资助理念也传到法国和欧洲，到 19 世纪，"为国家利益资助英才"的教育公平理念已经在欧美各国盛行，并在种种外部条件和大学发展的刺激下，资本主义国家在 19 世纪开始发展由政府出资的大学生奖学金事业。

而人类历史上第一次在整个国家的范围内对全体大学生普遍提供资助，是发生在十月革命后的苏联。1918 年，也就是苏维埃政府成立后的第二年，列宁起草《人民委员会关于俄罗斯联邦高等学校招生问题的决定草案》，宣布废除一切高等学校的学费，即俄罗斯社会主义苏维埃联邦共和国为全体大学生提供免费的高等教育，向全体大学生提供助学金。此后，苏联经过新经济政策以及最初的三个"五年计划"等多个历史时期的考验和锤炼，确立了完整的高等教育免费、大学生享受助学金的资助政策。它为苏联从欧洲最落后的国家一跃成为教育、经济、科技发达的世界强国做出了不可磨灭的贡献。

在苏联大学生资助理念的推动下，其他发达的资本主义国家以及广大发展中国家开始注重大学生资助模式的探讨及研究。特别是在第二次世界大战以后，受"教育机会均等"与"人力资本投资"理念的影响，各国政府纷纷推进教育发展目标的制定与完善，实施了具有促进教育机会均等意义的资助措施，并在 20 世纪五六十年代得到迅速发展。欧洲各国，南、北美洲以及非洲、亚洲的大部分国家都建立起自己的大学生资助体系，为促进教育公平，促进国民经济发展，促进人类的平等、尊严和发展发挥了重大作用。

（三）第三阶段：教育成本分担阶段（20 世纪 80 年代至今）

20 世纪 70 年代，中东阿拉伯石油生产国为了遏制以色列的扩张并收复失地，多次采取军事行动，发动震撼世界的"石油战争"，由此引起的一系列连锁反应，酿成全球性的经济危机，并导致财政危机，政府提供的公共资助不断下降，高等教育经费出现短缺，使为全体大学生提供免费高等教育和助学金的政策丧失了现实的经济基础。受此影响，各国开始反思原有资助理念的合法性及持久性，积极选择新的资助理念与资助政策来适应经济发展和社会现实的需要。

"成本分担"作为一个基本概念，是由美国当代经济学家、时任纽约大学校长的布鲁斯·约翰斯通提出的。他提出从高等教育成本构成的视角，来确定公平有效的大学生资助政策。20 世纪 80 年代，随着约翰斯通的专著《高等教育成本分担》的出版，高等教育成本分担理论迅速在各国广泛传播。作为世界上高等教育较发达的美国、韩国率先确定了高等教育个人分担比例，西方很多国家也纷纷仿效，陆续实行了大学收费制度，随之也出现了贫困大学生问题。在此情况下，发达国家普遍采取多种方式资助困难大学生，防止他们因经济困难而停止学业，经过不断发展和完善，形成了各自不同特点的资助模式。

经过 30 多年实践证明，在市场经济条件下，高等教育成本分担政策是合理有效的教育财政政策。合理的教育成本分担机制是解决高等教育经费不足的重要途径，不但有助于弥补高等教育经费的不足，更有利于高等教育大众化的发展，有助于满足旺盛的个人教育需求。

二、国外大学生资助政策体系的演进及特征

西方各国大学生资助政策随着社会经济的发展而不断变革，特别是第二次世界大战结束后，各国政府意识到要发展经济就必须大力发展教育，让更多人接受高等教育，加强对高层次人才的培养，推动了高等教育的迅猛发展。同时，随着"高等教育机会平等""人力资本理论"理念的提出和推广，加快了各国对构建大学生资助体系的研究，并采取了不同的方法来应对。在这个过程中形成了自己独特的大学生资助模式。纵观世界各国，俄罗斯、美国、日本、英国、澳大利亚五国在实践中创建完善的大学生资助体系既有特色又有共性。笔者以上述五国战后资助政策体系的演进为主线，简要概述了资助政策发展过程，分析了各个阶段的特征及对本国的经济、社会发展等多方面的影响。

（一）俄罗斯——"高等教育券"模式

根据列宁的教育思想和苏维埃政府的教育方针，20 世纪 20 年代苏联第一次在整个国家范围内提供免费的高等教育，开始向全体大学生提供助学金，又经过多年的调整和发展，形成了"免费高等教育加助学金"的资助模式。苏联的资助理念和资助政策，在保证了苏联国家建设对专业人才需要的同时，也使苏联从欧洲最落后的国家一跃成为世界强国，并直接影响了社会主义国家及大部分发达资本主义国家。战后，各国纷纷以苏联为师，借鉴其经验，推动本国资助理念的变革及资助政策的发展。

20 世纪 90 年代初，欧洲剧变，苏联解体，俄罗斯社会步入转型时期，使俄罗斯一向享受"剩余原则"拨款待遇的高等教育更是捉襟见肘。面对这种状况，俄罗斯政府调整高等教育学费政策，使苏联的"免费高等教育加助学金"的资助模式向"高等教育成本共同分担"的学费制度迅速过渡，允许高校招收自费生，并规定招收的自费生比例可以逐步增长。资助模式的变革，重新给俄罗斯高等教育带来巨大的活力，从而改变了俄罗斯高校的生存状态和经费来源渠道，促进了整个国家高等教育的快速发展，并给本国高校经费多元化奠定了市场基础。

1996 年，俄罗斯政府在教育法中首次提出学生贷款的概念，提出向中低收入家庭的学生提供上限为 70% 学费的贷款，规定十年内还清。但由于不具备消费者信用系统和信用核实系统以及受个人收入透明度等因素的影响，致使贷款计划遭遇流产。2000 年，总统普京批准《俄罗斯战略：教育》计划，开始进行"实名制国家财政券"试验，决定引入统一国家考试以取代传统大学入学考试。2002 年，俄罗斯政府通过以实名制国家财政券形式向试点高校拨款的相关决议，标志着俄罗斯"实名制国家财政券"试点的正式开始。几经周折，2004 年，俄罗斯政府正式推出了"高等教育券"系统，先由政府统一组织安排入学考试，根据考试成绩决定"高等教育券"的等级及其面值，如获得 A+ 等级的，将全部免除学费，获得 A、B 或 C 等级的，可减免部分费用，而获得 D 等级的，则要自己承担全额费用。最终以"高等教育券"的形式向通过国家统一考试的学生提供预算资金，教育券的具体货币价值每年由联邦预算法制定。自 2006 年起，俄罗斯政府将这一制度推行到所有高等教育机构，并延续至今。

俄罗斯"高等教育券"的实施，与以往教育资助理念相比，大大减少了获得全额学费拨款的学生人数及比例，在一定程度上缩小了当前公费生与自费生之间收费上的巨大差距，有效治理了在原资助模式下高等教育入学的腐败问题，缓解了学生的财政压力，基本满足了人民群众通过不同途径接受高等教育的需求，对促进整个俄罗斯国家高等教育公平产生了较好效果。

（二）美国——"资助包"模式

美国是世界上高等教育最发达的国家之一，也是最早建立大学生资助体系的国家之一，其资助范围之广、数额之大是世界上独一无二的。根据美国大学生资助目标发展情况，一般分为三个时期，即为国家经济服务时期（1945—1965 年）、为大众入学服务时期（1965—1980 年）以及"多目标"时期（1980 年至今）。

"二战"后，美国出现军人退伍高潮，由于大部分未接受过高等教育和未拥有较好的生产技能，很难在社会就业，造成人力资源浪费，并影响社会治安，出于国家经济发展的考虑，1944 年美国国会通过《退伍军人适应法》，批准联邦政府通过财政拨款为退伍军人提供学费和生活费资助，以帮助他们完成学业，此举开创了联邦政府对学生进行资助的先河。1957 年，美国颁布了《国防教育法》，明确规定了联邦政府对高等教育进行资助是履行国防义务的一部分，正式诞生了第一个联邦学生资助工程——"国防学生贷款工程"，为数学、外语、师范学位的大学生提供学生贷款，开创了世界上用贷款进行资助学生的先河。

20 世纪 60 年代，美苏争霸让美国深深意识到高等教育对增加国防和发展经济的重要意义，1965 年，美国颁布《高等教育法》，由政府为贫困家庭学生提供助学金和贷款，新设立了如"机会均等助学金""大学工读助学金"等一些联邦助学工程和校园资助工程。到了 20 世纪 70 年代，随着社区学院的大力发展，美国政府进一步扩展了学生资助体系的规范，明确将学生资助的目标转向个人，于 1972 年实施了"佩尔助学"工程，由原来的政府将资助资金拨给学校，再由高校负责实施资助的方式，变为由政府给学生提供直接资助的方式。

进入 20 世纪 80 年代后，随着美国高等教育日益普及化、高科技化的发展，并受"成本分担"理念的影响，美国政府完善资助理念和政策，调整了政府资助中助学金与贷学金的比例，逐步构建了以助学贷款为主，奖学金、助学金及勤工助学为辅的混合资助政策体系。进入 21 世纪后，随着美国财政状况的好转，联邦政府开始承担起更大的资助责任，在制定实施的《联邦学生资助：五年规划（2006—2010 年）》中，采取新增"学术竞争助学金""国家科学、数学专业英才助学金"以及增加助学贷款担保额度等措施，来满足学生对资助的需求。特别在 21 世纪第一个十年内，联邦政府坚持将贫困学生资助与国家人才需求相结合，通过加大大学生资助的财政投入力度来实现学生求学的强烈愿望。面对助学贷款的拖欠和坏账，采取由政府直接管理，教育部、财政部、税务局和社会保障部门负责合作收回制度，提高了助学贷款效益，产生了良好效果。

在这种由数以千计的资助项目构成的"混合资助模式"下，为了保证学生所获资助的公平合理性，美国政府采取了"资助包"制度，即把所有联邦政府、非联邦政府提供的诸如奖学金、助学金、贷学金、校园工读混合成"包"，提供给学生以便帮助不同层次的学生解决困难，其核心是大学通过规范合理的资助资源配置，使每个学生都能获得与其困难程度相称的经济帮助。可以说，美国高等教育"资助包"制度的实施，使"多元混合"资助的理念转变为现实，不仅有助于保证资助的合理性与公平性，更有助于实现资助的教育性，既提供资助的最根本目的，也为世界其他各国解决经济困难学生上学问题提供了重要的参考模式。

（三）日本——"收费加贷学金"模式

日本是一个高度重视教育的国家，政府尤其注重对高等教育事业的扶植，在"二战"前高等教育机构就有 650 余所。1939 年"日本帝国议会"提议，由政府在全国范围内创建贷学金资助体制，1941 年日本议员们组织"国民教育振兴议员联盟"，具体研究规划大学生资助事宜。1943 年日本正式成立学生资助管理机构"大日本育英会"，开始在全国实行资助项目。

第二次世界大战结束后，日本作为战败国，进入重建期，开始进行大规模的教育改革。1953 年，日本将原来的"大日本育英会"改组成由文部大臣任命的公法人"日本育英基金会"，并由该会发放"日本育英奖学金"。随后，经过对"日本育英奖学金"事业采取一系列的改革，设立了"一般借贷性奖学金""特殊借贷性奖学金"以及"教育特别奖学金"等多项奖学金。

进入 20 世纪 80 年代后，日本高等教育进入大众化时期，大学生资助政策受到新的挑战。1983 年日本育英会修订了《日本育英会法》与《实施条例》，决定自 1984 年起，根据学生家庭经济困难情况发放借贷奖学金，如对出身贫寒、经济困难、最需要资助的学生采取无须归还利息的借贷奖学金，而对其他学生采取计付利息的借贷奖学金，同时取消"教育特别奖学金"的设立，规定凡是毕业后直接到中小学任教，或到公立科研机构从事一定年限的教学科研人员，可免除部分或全部贷学金。这一改革，日本把资助对象从"最需资助者"扩大到"其他需要资助的人"。根据高等教育的发展以及经费来源渠道的变化，1993年日本"育英基金会"对"日本育英奖学金"的资金来源、发放措施、回收机制进行了修订完善。进入 21 世纪后，在沿用旧借贷奖学金做法的基础上，进一步增加了研究生的贷学金名额与学生借贷额度，提高了学生的受助强度，形成了比较完整而又严密的大学生资助体系，并成为世界各国收费加贷学金模式的成功典范。

日本的国家助学贷款——贷学金制度，之所以能够成为收费加贷学金模式的典范，主要在于政府始终担当了借贷奖学金从目标设定、资助筹措、风险分摊等各个环节的责任主体，特别是建立的高效的贷款回收机制，如长达二十年的还款期限、有条件的免还和缓还制度、设立"贷学金公司"等，在降低坏账率的同时，确保了贷款资金的良好周转。

综上可见，日本一直实行的"上大学缴费"、以贷学金为主要资助办法的大学生资助政策，充分体现了政策设计的人性化，最大限度地发挥了政府公共管理职能，促进了高等教育经费的合理分配，确保了教育公平，也使日本作为世界上第一个在全国范围内普遍推行贷学金资助模式的国家，实现了"穷国办高等教育""尽一切可能迅速发展高等教育"的强烈愿望。

（四）英国——"助学贷款加助学金"模式

在第二次世界大战中，英国经济受到重大损失，使英国与其他发达国家一样，也很快意识到要发展经济就必须大力发展教育。在"教育机会均等"的原则下，为了使更多的青年人获得接受高等教育的机会，1944 年，英国政府通过《巴特勒法案》（又称《1944 年教育法》），规定设立大学生奖学金的办法，帮助有才华的学生考入大学、专科学校或其他高教机构就读，其中奖学金包括学费和生活费，数目依照学生家庭收入不同而有所区别。从此，英国政府开始为所有大学提供财政拨款、为所有全日制大学生支付学费，并为贫困学生提供解决生活费问题的助学金。随着英国经济的发展，英国政府在 20 世纪 60 年代初先后出台了《安德逊报告》《罗宾斯报告》，加大了大学生资助政策的力度。

20 世纪 70 年代由于中东石油战争爆发，引起包含英国在内的全球性经济和财政危机。同时，原制定实施的"免费加助学金"资助办法也给英国的经济发展带来了巨大压力。因此英国政府不得不面对现实，对国家资助大学生的政策进行改革。在这种背景下，1983年发表的《雷弗休姆报告》，首次提出以贷款和助学金相结合的方式来代替原来的助学金资助方式，到 1988 年英国又发表了改革免费加助学金政策、启用贷学金资助办法的白皮书《有限贷学金》，决定从 1990 年起设立贷学金对大学生实施资助。为了减轻政府负担，20 世纪 90 年代，英国政府几次削减助学金标准，增加贷款比例，逐步完成由助学金和贷学金并存资助向贷学金资助的转变。

在"高等教育成本分担"理念的推动下，1998年英国政府宣布，开始实施以"先上学，后付费"和"差异收费"为核心的高校学费政策，允许所有学生可以先贷款上大学，待学生毕业、工作、赚钱，并获得一定的个人回报后，再进行偿还助学贷款。2004年，英国政府制定的《高等教育法案》又推出了新的高等教育学费政策和资助制度，在总结以往研究成果的基础上，对"分期等额还款"办法进行了改革，自2006年起，根据大学的收费标准决定学费贷款金额，而根据家庭贫困程度决定生活费贷款金额，同时，助学贷款还款实施按收入比例进行偿还的办法。为了保证贷学金资助的良好循环，还引进了税收系统来回收贷学金借款，学生毕业后，可以根据个人收入的多少归还贷学金。建立了更为完善的大学生"收费加贷学金"资助体系。

经过半个世纪的改革和演进，英国从"免费上大学、贫困生发放助学金"的资助体系，慢慢转变为"先上学，后付费"与"助学贷款与奖助学金并行"的"混合资助体系"，最终形成了当前的"助学贷款加助学金"资助模式，显示了当今世界大学生资助政策的发展趋势。英国创造出的诸如实施税务系统参与贷款回收、结合收入水平确定还款方式以及增加贷款种类和贷款额度等做法，是其他国家未尝试过的、行之有效的、推迟付费性资助的新方法，很值得其他各国进行研究借鉴。

（五）澳大利亚——"多元化资助"模式

澳大利亚的高等教育起始于1850年创建的第一所大学——悉尼大学。"二战"后，随着人口的增加、移民的涌入和政府对人力资源的需要，高等教育迅速发展，大学生资助政策也随之出现，《澳大利亚宪法》授权联邦政府负责学生的资助。1954年，澳大利亚在校大学生迅速增加，面对大学办学经费出现入不敷出的局面，联邦政府于1957年实行"配合款制度"，由联邦政府与各州政府对等分摊大学经费。

受人才短缺、人力资本投资等理念的影响，1964年，澳大利亚联邦政府出台首个全国性大学生资助政策，提出降低学生学费和缴费学生比例，并向大学生提供竞争性的奖学金，使越来越多的大学生获得政府提供的联邦政府奖学金等资助。1974年，作为高等教育经费的主要提供者，澳大利亚政府实施更为慷慨的资助措施：废止"配合款制度"；对所有大学生取消学费制度，让其享受"免费高等教育"；把原来竞争性的"联邦政府奖学金"改为非竞争性的助学金，即"第三级教育补助"。至20世纪80年代初，在巨大的经济压力和纳税人的指责下，1982年将助学金名字改为"澳学助学金"，开始严格控制助学金的申请条件，并降低了受助学生比例。

随着经济结构变化，及实现教育公平理想的需要，1988年澳大利亚政府制订"高等教育贡献方案"，提出依据各专业实际教学成本高低、社会实际分担能力等相关方面，以所学专业教学成本的20%为基准收取学费；对贷学金按收入比例进行还款；向接受过"家庭经济状况调查"、家庭经济最贫困的学生提供性质实属"无偿津贴"的生活费补助等资助措施，并自1989年起生效实施。可以说，澳大利亚实施的按各专业成本20%确定学费和按收入比例还款的贷学金资助方法，对世界高等教育财政改革做出了重大贡献，引起了其他各国的研究和思考。

进入 21 世纪后，澳大利亚政府几经讨论，就大学生资助办法进行了完善，实施了富有特色、高效的"多元化"资助新变革：推出了"高等教育贷款计划"，给予高校更多的自主权，允许各高校根据其学科优势和成本结构制定学费标准，对于学习期间的贷款以毕业后的收入为支撑，在学生收入未达到一定水平的情况下，可以不必偿还贷款；建立基于因特网的"高等教育信息管理系统"，引入"学生学习权利"概念，对每个学生授予唯一的"联邦高等教育学生支持号"，以便学生通过系统，了解自身学习权利的相关信息，及时获取贷款资助的细节等；实行"联邦学习奖学金计划"，增设"联邦教育成本奖学金"以及"联邦住宿奖学金"，重点考虑来自低社会经济背景，或农村及偏僻地区全日制计划内本科生学费、住宿费资助等，从而基本排除了学生在校期间的资金障碍，成为资助模式中不可或缺的部分。

三、国外大学生资助政策对我国的启示

在"人力资本投资""成本分担""促进教育公平""高等教育的社会回报与个人回报"等理论的推动下，自 20 世纪 90 年代后期，特别是 21 世纪以来，各国对大学生资助政策都有了重要发展，其学生资助体系的管理模式和工作经验，对我国构建符合中国国情的大学生资助体系具有较强的借鉴价值。

（1）我国是一个处在"社会主义初级阶段"的发展中大国，高等教育作为非义务教育，应按照"成本分担"的原则，探索完善合理科学的收费体制，让大学生作为高等教育的受益者，坚持按一定比例承担高等教育成本，以便扩展我国未来高等教育发展的空间，不仅符合中国国情，也符合国际惯例。

（2）积极创建以政府为主导，银行、社会、企业、个人等多方参与的多元化大学生资助体系。坚持政府主体作用，不断加大国家的教育投入，逐步提高教育经费占 GDP 的比重，在国家财政预算中实施教育经费倾斜政策；充分发挥政府和市场的双重作用，积极引导企业、社会团体及个人参与大学生资助体系建设，如依据企业在高校设立奖助学金的额度给予其税收减免、用人政策倾斜或信贷优惠制度等；鼓励民间力量参与大学生资助体系建设，以便在高校设立更多的奖助学金，增强高校救助帮扶力量。

（3）深化改革现行单一的国家助学贷款政策。我国城乡经济发展程度极不平衡，学生之间贫困程度差异较大，单一的助学贷款政策无法满足千差万别贫困学生群体的需求，在一定程度上削弱了助学贷款使用效力，应结合家庭经济困难程度，视助学贷款申请学生范围实施不同层次、不同形式的助学贷款，如对家庭特别困难的特困生实施特别贷款，贷款利息全部由政府负责；对中等收入家庭的普困生实施优惠贷款，贷款利息实行毕业前政府承担、毕业后学生自付政策；而对其他所有在校大学生实施普通贷款，贷款利息全部由

学生自付。

（4）创建高效的国家助学贷款还款方式和资金回收机制。由国家负责对贷款统一进行宏观调整，建立固定的贷款资金管理机构，创建或委托一个专门的助学贷款经办商业银行，单独办理所有助学贷款业务，逐步实施贷款偿还从"限期定额偿还"方式到"根据收入比例还款"方式的转变，探索由"税务部门、养老保险系统、社会保险机构或者其他社会保障部门回收贷款"的有效贷款回收体制，降低贷款拖欠率，充分发挥助学贷款在高校大学生资助体系中的主体作用。

（5）加大贫困生群体思想教育工作力度，竭力培养大学生诚信意识。我国作为一个历史悠久的社会主义国家，与西方高等教育模式相比，更加注重对大学生思想品德的教育和引导。贫困生德育问题也成为党、国家及社会各界高度关注的一个社会问题。在任何国家、任何时候，以经济资助取代思想教育是绝不可取的。为此，开展大学生资助工作，必须处理好经济资助和思想教育的关系，通过提供经济资助，解决大学生实际困难；而通过开展思想教育，提高他们的自我调控能力、人际关系协调能力以及环境适应能力。同时，竭力加强大学生诚信教育，提高他们对"讲诚信是做人最基本的道德修养"概念的认识，积极创建"讲诚信、共和谐"的良好风尚。

（6）加强执法手段，推动资助立法。对我国现行的高等教育法进行修订，进一步明确资助目的与资助措施；完善家庭经济困难学生认定、国家奖助学金评选、国家助学贷款立法工作，依法规范资助工作中，银行、学校、学生、相关机构各自的权利和义务，从法制上加大对提供虚假证明、骗取资助资源、恶意拖欠贷款本息行为"违法者"的惩罚力度，提高个人"违法"成本。通过立法促进我国高职院校学生资助制度的法制化，使资助行为有法可依。通过加强大学生的法律约束，确保各项资助工作良性运转，使资助政策得以正确地贯彻和实施，并切实保障国家、社会及个人资助者和受资助者的合法权益。

关于各国大学生资助政策体系中资助模式、具体做法的比较及借鉴，本节不再赘述，将在相关章节进行详细论述。

第三节　我国高职院校学生资助政策体系的发展历程及确立

大学生资助工作是高等教育的重要内容，直接影响和制约着高等教育的发展。我国历来重视大学生资助工作，始终关心大学生的成长成才，积极为大学生的全面发展创造条件。自 1949 年中华人民共和国成立以来，随着社会主义政治经济文化的不断发展，广大人民群众对高等教育需求的增多，教育成本不断增加，大学生资助理念几经变化，大学生资助政策多次进行调整，高校学生资助制度经历了从单一化逐步向多元化发展的历程，并逐步形成了目前国家奖助学金、国家助学贷款、师范生免费教育、学费补偿贷款代偿、新生入学资助项目、勤工助学、特殊困难补助、学费减免和"绿色通道"等多种资助措施有机结合的较为完善的高校学生资助政策体系。

一、我国高职院校学生资助体系发展历程阶段划分的学术概述

中华人民共和国成立后，我国高等教育逐渐从精英教育转变为大众化教育，大学生资助政策也发生多次变革，并引起诸多专家、学者对大学生资助政策演变历程研究的广泛关注。根据奖助学金、国家助学贷款的改革变化，学术界将新中国成立后大学生资助政策演变划分了不同的阶段，其中具有代表性的有两段式、三段式及四段式划分法。

（一）两段式划分法

上海师范大学的张民选将我国大学生资助的演变分为两个阶段：第一阶段从 1952 年至 20 世纪 80 年代初，实施的是"免费上大学"和"人民助学金"的资助政策，其中历经 1955 年和 1964 年的两次重要调整；第二阶段从 1983 年至今，以 1983 年教育部和财政部联合发出的《关于颁发〈普通高等学校本、专科学生人民助学金暂行办法〉和〈普通高等学校本、专科学生人民奖学金试行办法〉的通知》为标志。其后经历了 1989 年、1999 年、2007 年多次重大变革。

（二）三段式划分法

一是华东师范大学的赵中建将中华人民共和国成立后至今的大学生资助政策发展分为三个阶段：人民助学金阶段（20 世纪 50 年代初至 1983 年）；人民助学金与人民奖学金并存阶段（1983 年至 1986 年）；奖学金与贷学金并存阶段（1986 年至今）。二是北华大学的刘和忠、赵贵臣以成本分担为标志，将大学生资助政策的发展分为以下三个阶段：第一阶段是 1949 年至 1985 年免交学杂费阶段；第二阶段是 1985 年至 1997 年"免费"制度向"收费"制度过渡阶段，或者说"免费"与"收费"并存阶段或双轨制阶段；第三阶段是 1997 年至现在"收费"制度全面实施与其他资助措施完善阶段。高校学生资助政策发展趋势是逐步从无偿资助向有偿资助转变、以奖助学金为主向以学生贷款为主的转变。三是江汉大学的张晓松按照国家经济教育改革的不断深化，分为新中国成立到改革开放前资助政策阶段（1949 年至 1978 年）、20 世纪 80 年代资助政策阶段（1978 年至 1989 年）以及 1989 年免费上大学政策改革至今的学生资助政策。

（三）四段式划分法

一是湖南农业大学的陈有春将中华人民共和国成立后高校学生资助制度发展的历史嬗变分为：从供给制和公费制向人民助学金制度为主发生转变；人民助学金制度走向式微，

奖学金制度产生；奖学金制度与贷学金制度并存的新型高校学生资助模式的确立；以及"奖、贷、补、助、减"等形式的现行高校学生混合资助制度的形成与完善。二是沈阳师范大学的杨克瑞认为，中华人民共和国成立至今，大学生资助政策经历了以下四个阶段：第一阶段是"免费＋人民助学金"阶段，从1950年召开的"全国第一次高等教育会议"至1983年；第二阶段是1983年至1999年期间的新时期下人民助学金改革探索阶段；第三阶段是国家助学贷款全面启动阶段，从1999年至2004年；第四阶段从2004年国家助学贷款机制创新至今，即大学生资助政策体系创建完善阶段。三是河海大学的杨亚军、胡元林等分为以下四个阶段：形成期，即免费加助学金阶段（1952年至1982年）；改革期，即以奖代助阶段（1983年至1991年）；调整期，即奖、勤、贷、助、免混合资助阶段（1992年至1998年）；成熟期，即以国家助学贷款为重点的奖、减、贷、助、免一体的资助体系阶段（1999年至今）。而湖南师范大学的任初明将学生资助政策发展历程分为人民助学金制度为主阶段、人民助学金制度与奖学金制度并存阶段、奖学金和贷学金制度并存阶段以及建立与完善奖、贷、补、助、减"五位一体"的混合资助阶段。

通过以上资料研究证明，无论学术界对资助政策的演变阶段如何划分，其主要目的就是通过总结高校学生资助改革发展进程，梳理、分析我国大学生资助政策改革路径，积极加快我国资助体系的发展和完善，不仅有助于正确认识和科学把握国家资助政策体系，更有助于发挥资助体系在促进教育公平公正、推进社会经济发展方面的重要作用。

二、我国高职院校学生资助制度发展历程及资助体系的确立

我国是一个具有大学生资助传统的国家，早在春秋战国时期就有"有教无类"吸收平民入学之说，中华民国建立后，政府开始实行公费、贷学金与奖学金制度。1949年中华人民共和国成立后，高校学生资助制度随着形势的发展走向嬗变并日益完善。可以说，现代的高校学生资助制度是从传统书院向现代大学制度的变迁过程中逐步确立和发展起来的。

纵观我国大学生资助制度的改革与完善，根据"高等教育成本分担"承担者的转移，可将中华人民共和国成立后我国学生资助发展历程分为两大时期：高等教育免费时期的学生资助政策以及适应高等教育收费改革的学生资助政策。每个时期又根据资助政策的内涵及发展分为几个分阶段。

（一）高等教育免费时期学生资助政策

中华人民共和国成立至1986年7月，高等教育实行免费制，这一时期的高校学生资助政策，根据资助形式的变化可分为以下三个阶段。

第一阶段：实施完全的供给制或公费制阶段（1949年至1952年）

从抗日战争到新中国成立前期，中国共产党曾在根据地内一度实行大范围的学生生活供给制或公费制，从而解决了高校大学生的生活困境，维系了各革命根据地高等教育事业

的发展。这种完全的供给制或公费制造成社会财富的较大浪费，也减少了高等教育上必要的经费，使有限的经费难以投入到高等教育所必需的部门中去。随着社会生产力的发展，在人民群众对高等教育具有一定的负担能力后，个别边区政府发布条令或决定废除或取消部分高校学生一律实行的供给制或公费制，如晋察冀边区在 1941 年 7 月起对本区高校学生在校伙食、书籍等改由学生自费（自备），但其他大部分解放区没有废除或只是部分地取消。为此，中华人民共和国成立后，全国大多地区一直沿袭原有的军事供给制或干部公费培养制，具有地方性、临时性、革命性和共产性的特点，并一直延续到 1952 年。这一阶段，高校学生资助处于酝酿期，没有明确的政策规定，也未形成统一的资助模式。

第二阶段：实施单一的人民助学金制度阶段（1952 年至 1982 年）

中华人民共和国成立初期，我国高等教育服务对象开始逐渐以广大工农群众及其子女为主体，开始帮助解决他们入学后的生活困难，曾制定了个别区域性的资助办法，如华北作为最早实施人民助学金制度的地区，1950 年，由华北人民政府出台了《华北区国立高等学校学生人民助学金暂行条例及各校人民助学金暂行定额的规定》。1952 年，政务院发布了《关于调整全国高等学校及中等学校人民助学金的通知》，同年，教育部发布了《关于调整全国各级各类学校教职工工资及人民助学金标准的通知》，明确规定"废除学费，实行人民助学金制度"，并对助学金的调整原则、标准和使用原则进行了详细说明，这是我国在全国范围内确立"免费上大学"加"人民助学金"高校学生资助政策的标志。1955 年，高等教育部和教育部联合发布了《关于制定 1955 年高等学校一般人民助学金分地区标准的通知》，根据各地区生活水平的差异，将全国分为 10 个地区，发放不同标准的助学金。同年，高等教育部出台了《全国高等学校一般学生人民助学金实施办法》，规定除高等师范院校学生全部享受助学金外，其他院校人民助学金只针对完全无力负担的学生，家庭富裕能够全部自费伙食的学生不发放助学金，能够自费半数或 1/3 伙食的学生，发放所缺部分的助学金，非师范类高校学生享受人民助学金资助的比例达到 70%，并改革调干生的助学金标准。调干生在新中国成立初期我国高职院校学生中曾一度占有相当的比例，他们享受的助学金标准往往高于普通大学生。1957 年 5 月，高等教育部和教育部将《国务院关于调干助学金给高等教育部的补充批复》通知各地，批复规定从 1957 年取消入学新生中的调干助学金待遇。1964 年，中共中央批转了高等教育部《关于提高高等学校学生伙食标准和相应提高助学金补助比例的请示报告》，非师范类高校学生享受人民助学金资助的比例由 70% 提高到 75%，全国高校大学生享受人民助学金的比例接近 80%。至此，经过重大调整或变革后，我国高等学校人民助学金框架基本形成，即全国按学校所在地区的类别而将助学金分成相应的层次；按一定比例在校的学生享受人民助学金；仅设立单一的人民助学金，对于特殊困难者可另行申请困难补助。它涵盖了高校学生资助的各个领域，为以后在此基础上所形成的高校学生资助制度提供了理论指南和实践上的工具性指导。

1966 年，"文化大革命"开始，高等教育的正常秩序被打乱，高校停止招生，大批知识青年被送到农村参加农业劳动。随着 1970 年中共中央批转《北京大学、清华大学关于招生（试点）的请示报告》，当年 8 月高校开始招收第一届工农兵大学生，不论文化程度、年龄大小，只要被组织推荐，就可以免费上大学。"文革"期间，国家一方面向尚未离校的 1966—1970 级大学生继续发放"人民助学金"。另一方面向工农兵学员发放"津贴"，补助生活费用（以当时北京六类地区计，每人每月为 19.5 元）。

1976 年十年浩劫结束，"恢复正常的教育秩序"成为我国的当务之急。1977 年高等院校恢复高考和大学生招生工作，当年 12 月，教育部、财政部出台了"文化大革命"后第一个大学生资助方案，即《关于普通高等学校、中等专业学校和技工学校实行人民助学金制度的办法》，规定工龄满 5 年的国家职工考入高校后，原单位照发工资；其他学生实行人民助学金制度，除高等师范、体育、民族学院学生全部享受人民助学金外，其他学生的人民助学金享受面按 75% 计算。1979 年，国家出台规定，连续工龄满 5 年以上的国家职工考入高校，一律实行职工助学金制度，由学校按月发放助学金，不再由原单位发给工资和享受原单位其他待遇，基本恢复了"文革"前的人民助学金制度。之后，这个制度一直贯彻实施到 1982 年，其间没有较大的变动。

第三阶段：人民助学金和奖学金并存阶段（1983 年至 1986 年）

1983 年 7 月，教育部、财政部联合出台了《普通高校本、专科学生人民助学金暂行办法》和《普通高校本、专科学生人民奖学金试行办法》，对原有人民助学金制度进行了改革，缩小了人民助学金的发放范围，将非师范学生享受人民助学金的比例由 75% 降低到 60%，并设立了人民奖学金制度。至此，我国高职院校学生资助制度从单一的助学金变革为人民助学金和奖学金并存的模式，并逐步过渡到以奖学金为主。这一变革意味着我国高职院校学生资助政策的内涵发生了重大改变，从对大部分学生提供经济资助转变为对少部分学生提供经济资助并对学习成绩优良的学生进行奖励和引导学生选择国家急需的专业。这种模式持续到 1986 年 7 月，教育部与财政部发文取消了实施 30 多年的人民助学金制度，代之以奖学金与学生贷款制度，人民助学金制度完成了其历史使命，最后走向沉寂。

纵观我国"免费时期"的高等教育，其实施的"人民助学金"为主体的资助模式在一定程度上体现了社会主义制度的优越性，推动了高等教育的发展，对特殊时期的国家建设起到了十分积极的作用。但由于规模大、范围广，不可避免地增大了政府财政拨款额度，给政府带来巨大的财政压力，使政府务必加大在高等教育方面的资金投入，导致教育财政出现结构失衡现象，并加大了纳税人的负担。同时，它逐步演变成了人人均沾的平均主义，即"一刀切"的资助惯例，不仅不具有表彰、奖励先进功能，无法彰显对优秀学生的奖励作用，而且会造成家庭经济困难学生受到的资助仅占到很少一部分，致使最需要资助的贫困学生无法得到真正的资助，无法达到资助目的。因此，"免费加助学金"资助模式存在的问题与不足，迫切需要建立起一种能够弥补其不足、立足于社会经济教育发展需求基础上的可操作的高校学生资助新制度。从而引起资助政策的一系列改革，直至最终形成了目前多元化的、较为完善的高校学生资助政策体系。

（二）适应高等教育收费改革的学生资助政策

1986 年至今，国家打破高校免费教育的模式，进行收费制度改革，开始对大学生按照平均培养成本的一定比例缴纳学费。随着高校招生、收费制度改革的深入，高校资助政策体系逐步建立完善，资助力度逐步加强。根据资助政策的发展以及资助体系的完善情况，可将这一时期的学生资助政策分为以下五个发展阶段。

第一阶段：奖学金与校内无息贷款并存阶段（1986 年至 1988 年）

1985 年公布的《中共中央关于教育体制改革的决定》中指出，提高民族素质必须从教育体制改革入手，高等学校除实行国家计划招生和用人单位委托招生以外，还可以在国家计划外招收少数自费生。文件规定了"委培生"和"自费生"的具体缴费标准，其中"委培生"由委托单位向学校缴纳一定数量的培养费和基建费，"自费生"不享受人民助学金，需缴纳培养费以及医疗费等。1986 年 7 月，国务院批转了原国家教委和财政部《关于改革现行普通高校人民助学金制度的报告》，取消了人民助学金制度，在全国 85 所高校中实行奖学金和学生贷款制度（校内无息贷款，也常称"贷学金"）的改革试点。1987 年 7 月，原国家教委、财政部出台了《普通高校本、专科学生实行奖学金制度的办法》《普通高校本、专科学生实行贷款制度的办法》，决定自 1987 年起对入学的本科普通高等院校新生全面实行奖学金和学生贷款，两者合称奖贷基金，其来源是从主管部门按原助学金标准计算总额的 80%～85% 核发到高等院校"奖贷基金账户"上，专门用于各项奖贷经费使用。校内无息贷款制度的实施，是高校学生资助历史上的重大改革。至此，国家奖励学习优秀的学生，并向家庭经济确有困难、无力解决在校期间生活费用的学生提供无息贷款，学校负责贷款的发放和催还等全部管理工作。可以说，奖学金与助学贷款的并存，突破了高校学生资助制度"扶贫济困"的单一功能模式，实现了新中国高校学生资助制度的一个质的转变，为以后逐步形成现行的高校学生资助政策体系打下了坚实的基础。

第二阶段：奖、贷、勤、补、免"五位一体"资助制度体系初步形成阶段（1989 年至 1996 年）

1989 年，国家教委、财政部和国家物价局联合颁发文件，宣布对"按国家计划招收的学生（除师范生等）收取学杂费和住宿费"。当年的学杂费每学年生均 100 元，住宿费每学年生均 20 元，导致高校生活困难的学生急剧增多。1993 年，原国家教委、财政部发布《关于对高等学校生活特别困难学生进行资助的通知》，要求各高校从"奖贷基金"或"专业奖学金"总金额中拨取困难补助经费补助生活特别困难的学生。为保证高校招生收费制度的顺利实施，解决家庭经济困难学生的就学问题，国家采取了进一步的资助措施。1994 年，原国家教委、财政部发布《关于在普通高校设立勤工助学基金的通知》，要求高校设立"勤工助学基金"，用于家庭经济困难学生勤工助学活动的支出。同年，原国家教委发布了《关于核定委属高校办学收费标准的通知》，从 1994 年开始对教育部部属 37 所高校试行"招生并轨"，开始把"国家计划生"与"委培生""自费生"的招生计划、录取标准和收费标准统一起来，对同校、同专业的学生按照一个标准学费。与此同时，中央财政向"招生并轨"的部属高校，中央各部委与各省市自治区向下属高校相应地划拨专款设立勤工助学启动经费，各高校也为贫困生提供了助学岗位。1995 年，原国家教委印发《关于对普通高校经济困难学生减免学杂费有关事项的通知》，实施对困难学生，尤其是孤残学生、少数民族学生以及烈士子女、优抚家庭子女实行减免学杂费的一项重要措施。至此，经过一个阶段的调整，集奖、贷、勤、补、免"五位一体"的资助模式初步形成。

第三阶段："收费"制度全面实施及资助政策强化时期（1996 年至 1999 年）

1996 年，原国家教委、国家计委、财政部联合发布了《高等学校收费管理暂行办法》，规定除了农林、师范、体育、航海、民族专业等享受国家专业奖学金的高校学生免缴学费外，学校依据国家有关规定，可以向学生收取学费。同时规定高等学校学费占年生均教育培养成本的比例最高不得超过 25%。具体比例必须根据经济发展状况和群众承受能力"分步调整到位"。1997 年，全国所有高校招生"并轨"工作完成，收费制度在我国高等学校中全面推行，所有大学生均需按照生均培养成本的一定比例缴纳学费，全面收费制度取代了部分学生免费、部分学生收费的"双规"制度，完全改变了过去单一的政府办学的高等教育体制，高校的收费标准随之骤然高涨。随着高校招生、收费制度改革的深入，高校资助制度在实践中不断进行完善，资助力度逐步加强，资助政策体系得到强化。

第四阶段：以国家助学贷款为主体，其他资助制度相结合的高校混合资助政策体系调整时期（1999 年至 2007 年）

1999 年，改革开放后第三次全国教育工作会议提出"积极发展高等教育，扩大招生规模"，国家招生规模逐年扩大，高等教育规模空前扩张，根据《一九九九年全国教育事业发展统计公报》统计，1999 年高等教育本、专科在校生人数达 718.91 万人，比 1998 年增加 95.82 万人，引起在校贫困生比例不断提高。为帮助家庭经济困难学生顺利入学，1999 年 8 月，教育部根据《国务院办公厅转发〈中国人民银行等部门关于国家助学贷款管理规定（试行）〉的通知》精神，制定下发了《教育部关于下达 1999 年国家助学贷款额度及有关工作事项的通知》，决定自 1999 年 9 月 1 日起，对北京、上海、天津、重庆、武汉、沈阳、西安、南京 8 个城市的中央部委所属高等学校进行国家助学贷款试点工作，解决高校家庭经济困难学生的学费、住宿费和生活费问题，同时，制定了《国家助学贷款管理操作规程（试行）》和《中国工商银行国家助学贷款管理试行办法》等相关规定，这是我国在市场经济体制下运用金融手段创新高校资助制度的重要尝试。2000 年，国家助学贷款扩大到全国所有的公办全日制普通高校。2004 年 6 月，国务院对国家助学贷款政策、实施机制、风险防范、组织领导等方面进行了重大调整和完善，建立以风险补偿机制为核心的国家助学贷款新政策、新机制。同年 8 月 31 日，国务院新闻办召开新闻发布会，发布新的助学贷款办法，开始实施新的规定。从新机制实施到 2006 年年底，全国审批贷款学生 205.9 万人，审批合同金额 182.5 亿元，国家助学贷款的资助金额和资助人数超过新机制实施前五年的总和，国家助学贷款逐步成为资助高校家庭经济困难学生的主要措施之一。

为保证考入大学的贫困家庭学生顺利入学，2000年起，教育部、原国家计委、财政部要求，各公办全日制普通高等学校都必须建立"绿色通道"制度，即对被录取入学、家庭贫困的新生，一律先办理入学手续，然后再根据核实后的情况，分别采取上述措施予以资助。2002年，财政部、教育部出台《国家奖学金管理办法》，加大了对品学兼优的高校贫困学生的资助力度，在普通高校设立国家奖学金，中央财政每年安排2亿元，按照每人每年6000元或4000元的标准，资助和奖励4.5万名家庭经济困难、品学兼优的高校本、专科学生，同时还减免这些学生当年的全部学费。这是中华人民共和国成立以来第一次冠以"国家"名称的奖学金，受到家庭经济困难学生和家长的普遍欢迎。为进一步加大资助力度，从2005年开始，国家奖学金改名为国家助学奖学金，包括国家奖学金和国家助学金两种形式。至此，在中央与各级政府的督促下，经过多次制度调整，我国初步形成了以国家助学贷款为主体，集"奖、贷、助、补、减及'绿色通道'"于一体的高校家庭经济困难学生混合资助政策体系，进一步缓解了家庭经济困难学生的学习和生活困难问题，形成了良好的社会效应，营造了和谐的社会环境。

第五阶段：建立国家奖学金、国家励志奖学金、国家助学金、国家助学贷款、师范生免费教育、学费补偿贷款代偿、新生入学资助项目、勤工助学、特殊困难补助和学费减免等多种措施并举的高校学生资助政策体系，即学生资助政策体系完善时期（2007年至今）。

2007年5月，国务院发布《关于建立健全普通本科高校、高等职业学校和中等职业学校家庭经济困难学生资助政策体系的意见》，我国高职院校家庭经济困难学生资助工作跨入一个重大的发展阶段。当年6月，教育部、财政部联合出台《关于认真做好高等学校家庭经济困难学生认定工作的指导意见》，首次提出要认真做好高等学校家庭经济困难学生认定工作，做到公平、公正、合理地分配资助资源，切实保证国家制定的各项高等学校资助政策和措施真正落实到家庭经济困难学生身上。同时，分别印发了普通高校国家奖学金等管理暂行办法，就国家助学奖学金进行改革：一是改革原国家奖学金制度，设立国家奖学金和国家励志奖学金。二是完善国家助学金制度，自2010年秋季学期起，平均每生每年从原来的2000元提高到3000元。并明确提出，高校要按照国家有关规定，从事业收入中足额提取4%～6%的经费用于家庭经济困难学生的资助。

进一步完善和落实国家助学贷款政策。2007年8月，财政部、教育部、国家开发银行联合下发《关于在部分地区开展生源地信用助学贷款试点的通知》，在江苏、湖北、重庆、陕西、甘肃5省市开展生源地信用助学贷款试点，经过各方共同努力，生源地信用助学贷款试点工作进展顺利，取得了良好的效果，受到了试点省份学生、家长及社会有关方面的普遍欢迎。2008年9月，财政部、教育部、银监会联合下发《关于大力开展生源地信用助学贷款的通知》，决定从当年起进一步扩大生源地信用助学贷款覆盖范围，大力推进生源地信用助学贷款工作。并根据困难学生资助实际需求，自2014年起，将生源地信用助学贷款等国家助学贷款最高资助标准由原来的每人每年6000元，调整为本专科学生、研究生学生每人每年最高资助标准分别为 8000 元、12000 元；自 2016 年起，贷款期限由原来的按学制加 10 年确定，偿还本息宽期限、最长期限分别为 2 年、14 年，调整为按学制加 13 年确定，偿还本息宽期限、最长期限分别为 3 年、20 年。生源地信用助学贷款成为国家助学贷款的重要组成部分，是进一步完善国家勖学贷款运行机制、推动国家助学贷款工作的重要步骤，是利用财政、金融手段，创新金融服务体系，解决家庭经济困难学生就学问题的重要探索和实践，与校园地国家助学贷款形成了互为补充、共同发展的局面，对进一步完善我国家庭经济困难学生资助政策体系、充分发挥政策整体效应、确保实现国家资助政策既定目标等具有十分重要的意义。

实施师范生免费教育及学费补偿贷款代偿工作。2007 年 5 月，国务院办公厅转发《教育部等部门关于教育部直属师范大学师范生免费教育实施办法》，自 2007 年秋季入学新生起，在北京师范大学、华东师范大学等 6 所部属师范大学实行师范生免费教育，鼓励更多的优秀青年终身做教育工作者，为培养造就大批优秀教师和教育家奠定基础。同时，国家进一步落实、完善鼓励学生资助的相关优惠政策措施，2009 年、2011 年先后出台了《高等教育毕业生学费和国家助学贷款代偿暂行办法》《应征入伍服义务兵役高等学校毕业生学费补偿国家助学贷款代偿暂行办法》以及《应征入伍服义务兵役高等学校在校生学费补偿国家助学贷款代偿及退役复学后学费资助暂行办法》，对中央部门所属全日制普通高等学校应届毕业生，自愿到中西部地区和艰苦边远地区县以下基层单位工作、服务期达到 3 年以上（含 3 年）的，实施相应的学费补偿和国家助学贷款代偿，并对应征入伍服义务兵役的全国普通高等学校毕业生以及退役一年以上、考入普通高校就读的自主就业退役士兵，同样实施学费补偿和国家助学贷款代偿教育资助。2013 年，财政部、教育部、总参谋部联合印发实施《高等学校学生应征入伍服义务兵役国家资助办法》，对应征入伍服义务兵役的高校学生以及服役期间按国家有关规定保留学籍或入学资格、退役后自愿复学或入学的资助措施进一步调整，从而使普通高校学费补偿贷款代偿资助政策更加健全完善。

实行高校家庭经济困难新生入学资助项目。自 2012 年 5 月，全国学生资助管理中心联合中国教育发展基金会制定实施《普通高校家庭经济困难新生入学资助项目暂行管理办法》，决定利用中央专项彩票公益金润雨计划部分专项资金，设立普通高校家庭经济困难新生入学资助项目，用于资助中西部地区每年高考考入全日制普通高等院校的家庭经济困难新生到校报到，并自当年秋季学期起，以省内院校录取新生每人 500 元、省外院校录取新生每人 1000 元标准进行一次性资助，主要用于补助相关学生入校报到的交通费及入学后短期生活费，其中资助对象优先考虑孤残学生、父母丧失劳动能力学生、少数民族学生、烈士子女及单亲家庭经济困难学生等。

此外，教育部等相关部委又先后印发实施、修订完善《高等学校学生勤工助学管理办法》等单项资助政策，有效促进勤工助学、"绿色通道"及学费减免等资助措施的有序、高效开展。根据上级文件规定，各高校、各级财政及所属教育部门、财政部门纷纷制定相应的配套文件及实施方案。至此，标志着我国基本建立起较为完善的高校家庭经济困难学生资助政策体系，从制度上基本解决了高校家庭经济困难学生的就学难题。

中华人民共和国成立后，经过近70年的探索与发展，我国基本形成了国家奖助学金、国家助学贷款、师范生免费教育、学费补偿贷款代偿、勤工助学、特殊困难补助和学费减免等多种措施并举的、完善的、制度设计趋于系统科学的高校学生资助政策体系。它通过金融手段扩大了国家对高校学生助学政策的执行力度，并注重扶困奖优相结合，既能帮助家庭经济困难学生，又能奖励优秀学生；在资金投入方面，坚持以政府投入为主、坚持中央和地方共同分担，既有政策的统一要求，又兼顾地区差别。同时，通过政策倾斜和引导，进一步优化了学科专业结构、提高了办学质量，促进了人才资源合理分布。可以说，现在的学生资助政策，不仅适应我国现行的社会经济发展水平，也适应我国高等教育事业的改革与发展，体现了与时俱进的时代精神。

第四节　高校学生资助政策体系的基本要素

社会政策是政府和社会为满足民众的需要和解决社会问题而采取的公共行动。政府的社会政策行动不是一种随意的行动，而是在一定的政治、经济和社会制度框架中采取的制度化的行动。要完成一项政府政策行动，须首先确定由谁（什么机构）来提供社会服务，为谁提供服务，从哪里获得必要的财政和人力资源以及以什么方式来提供必要的服务，以上几方面构成了社会政策行动的基本要素，即社会政策的主体、对象、资源和运行方式。当代各国社会政策的制定、实施和改革以及对社会政策的理论研究都主要围绕这几方面而展开。因此，了解我国高职院校学生资助政策体系的基本要素是理解中国学生资助政策改革与发展的基础，也是进一步分析现行高校学生资助政策理论的基础。

一、高校学生资助政策体系的含义

学生资助（aid financially；subsidize；support），狭义上指用物质上的财物资助学生完成学业，广义上还包括从精神上对学生的支持、鼓励和嘉勉等。现行的高校学生资助政策体系，是指国家在高等教育阶段颁布实施的国家奖学金、国家励志奖学金、国家助学金、师范生免费教育、国家助学贷款、勤工助学、学费减免等一系列有关政策、规定，是随着高等教育的大改革、大发展，随着社会主义市场经济体制的建立，经过多年的实践和探索不断发展、完善起来的。在长期的变革中，高校学生资助政策体系不仅保留了原有的资助模式，同时也引入了国际惯例，是符合中国国情、具有中国社会主义特色的一系列大学生资助制度。

高校学生资助政策体系，狭义上仅包括贯彻实施的各项资助规章制度，而广义上的高校学生资助政策体系，作为政府实施的一系列社会政策制度，应包括资助政策的主体（资助者）、资助政策的对象（受资助者）、资助政策的运行机制（资助制度及其实施）、资助政策的资源（资助内容）以及资助政策的传递模式（资助方式）五大基本要素，从延伸意义上还有主要目标、基本原则、资助效果、教育手段、教育方法及教育载体等。本书仅从五大基本要素进行概述。

二、高校学生资助政策体系基本要素

（一）资助政策体系的主体——资助者

1. 资助政策体系主体的基本含义

学生资助政策体系的主体是指发起或参与高校学生资助政策行动过程的行动者。就我国国情而言，资助政策行动的发起者、参与者有国家有关部委、省市地方政府及有关主管部门、高校、金融机构（助学贷款经办银行）、捐资助学的社会组织及个人，其中作为投入主体的国家中央政府和地方省市政府以及作为主要出资人的普通高等学校，即资助政策体系中的提供资助者，构成了资助政策体系中的主体。

2. 资助政策体系主体的角色定位

在现行的资助政策实践中，政府、高校作为高校学生资助政策体系中的主体，以多种方式参与到资助政策行动中，形成了一个制度化的行动者体系，并被要求按照一定的制度规范而且担负一定的责任，担当着不同的角色，同时具有与其责任和角色相适应的权力地位。

第一，政府在资助政策体系中具有主体角色与主导地位"双重作用"。首先，政府在资助政策体系中的主体角色主要表现为政府是投入主体，是整个政策行动的首位责任者，即为满足高等教育发展的基本需要，对家庭经济困难学生提供必要的帮助。资助政策体系是高等教育收费体系必不可少的补充，是高等教育投入体制改革的有机组成部分，而我国普通高校（不含民办高校）的投资主体是国家中央政府和地方省市政府，因此资助政策体系的投资主体也理应是国家政府。同时，根据高校所属关系，投资主体呈现出中央政府—省级政府—地方政府等层次梯次结构。其次，政府在助学政策体系中的主导地位主要表现为政府是资助政策法规的制定者。资助政策体系中的有关国家奖助学金、国家助学贷款、师范生免费教育、学费补偿贷款代偿等政策制度都是由政府制定的。资助政策体系的完善和提升，完全依赖政府对原有政策的不断调整而实现的。

第二，高校在资助政策体系中具有"多重角色"。首先，高校作为资助政策体系中仅次于政府的第二位出资者，与政府一同具有资助政策体系主体角色。按照国家有关规定，高校每年从事业收入中足额提取4%～6%的经费用于资助家庭经济困难学生，如学费减免、国家助学贷款风险补偿、勤工助学、校内奖助学金和特殊困难补助等。其次，高校在资助政策体系中具有中介角色。政府制定资助政策制度后的执行任务基本都由高校承担实施，如国家助学奖学金发放、国家助学贷款申请前学生的筛选核查工作以及各类困难学生信息的汇集报送等工作，都由高校依托专职工作队伍负责完成。高校既不是出资方主体，也不是受资助对象，而是中介方出资或兼方受托人的角色。最后，高校是资助政策体系的间接受益者。随着高校投入体制的改革以及高等教育收费制度的深化，困难学生学费拖欠问题日益突出，部分高校每学年学生拖欠学杂费高达数千万元，严重影响了高校经费的正常运转。伴随着资助政策体系的不断建立健全，学费拖欠问题得到了有效解决，减轻了学生欠费压力，增强了高校经费运转能力，提升了高校办学水平。

（二）资助政策体系的对象——受资助者

所谓"对象"，一般是指一个行动所指向的客体，即行动的接受者。学生资助政策的对象就是资助政策行动的接受者，即我国高职院校学生资助政策体系的对象为受奖励、受资助的学生。体系中的每一项资助政策适用于中华人民共和国（不含香港特别行政区、澳门特别行政区和台湾地区）普通高等学校中经济确实困难的全日制本、专科生（含高职生）、研究生和第二学位学生，本书中资助政策体系对象仅指我国公办普通高校全日制本、专科学生。

与其他公共政策相比，学生资助政策的突出特色之一是它完全直接面向社会成员个体，即困难学生个人。一般说来，政府公共政策行动都是为了社会公共利益，如经济政策是为了促进经济良性发展，城市基础设施建设是为了城市的生产与生活条件等，它们最终会使社会成员个体受益，但很少直接面对个人。而学生资助政策大部分是直接面向个人和群体，其直接的目标就是解决困难学生个人和群体所面临的各种实际困难，通过解决个人和群体的问题而促进高等教育的发展与社会的进步。

（三）资助政策体系的运行机制——资助制度及其实施

所谓社会政策的运行机制，是指社会政策行动各个环节运行的基本方式。就高校学生资助政策体系而言，其运行机制即指政府为达到资助目的和预期的社会效果而制定的一系列资助规章制度以及相应的配套文件办法、实施条例等。

资助规章制度是贯彻落实学生资助政策的制度保障。中华人民共和国成立至今，随着大学生资助政策的变革，国家逐步制定完善了各项资助制度措施，如《国家助学奖学金管理办法》《普通高等学校本、专科学生实行贷款制度办法》《高等学校勤工助学管理办法》《关于对普通高等学校经济困难学生减免学杂费有关事项的通知》以及《关于印发〈应征入伍服义务兵役高等学校毕业生学费补偿国家助学贷款代偿暂行办法〉的通知》等。正是这些政策制度才构架了目前的助学政策体系，并随着资助政策体系运行的不断深入，资助制度将不断得到完善。

为确保资助政策体系的正常运行，在中央政府制定的一系列资助政策制度的基础上，各省地市政府、普通高校也相应地加强资助工作管理制度建设，在职责定位、资助程序、资金管理、使用监督、考核评优等方面形成了一套较规范的工作流程，初步建立起了配套较为完整、操作性较强的资助工作制度，如奖助学金申请审批制度、资助资金管理制度、贷款信息定期报送制度以及投诉受理制度等，推动了高校整体学生资助工作不断精准化、规范化、科学化。但高校学生资助政策体系作为一个庞大的社会系统工程，由于地区间经济发展不平衡等因素，致使学生资助政策体系在具体的运行中存在着一些问题，如资助资源供给总量不足、贷款履约诚信缺失、资助育人功能欠缺等现象，要解决这些问题，还需从健全贷款担保机制、加大违约惩罚力度、强化助学资助的教育功能等方面入手，使我国高职院校学生资助政策朝着与我国社会主义经济体制相一致的方向发展。通过建立协调、灵活、高效的资助政策体系运行机制，促进大学生资助工作得到可持续发展，为促进教育公平、构建社会主义和谐社会打下扎实的基础。

（四）资助政策体系的资源资助内容

1.资助政策体系资源概述

所谓"资源"，一般是指维持某种社会过程所必需的物质条件，所谓"资助政策体系的资源"，即指开展、维持资助政策行动所需要的各种物质条件。在现行的高校学生资助政策体系中，政府、高校在贯彻落实各项资助政策中需要投入大量的人力、物力和财力，本书中资助政策资源仅指发生的资金性资源，即资助内容为各类奖助学金、助学贷款、困难补助等资金。

2.资助政策体系资源的调入渠道

依据我国目前的高校教育经费投入机制，高校学生资助政策体系资源主要来源于政府拨款、高校提取、商业银行贷款及社会捐赠四方面。

（1）政府拨款

从法律规定来看，在当代各国，发展教育事业、资助困难学生受教育是国家的义务。在"成本分担"理念的推动下，普遍实行了高等教育收费制度，并辅之实施了完善的学生资助政策体系，这是世界各国高等教育大众化的普遍经验。资助政策体系是高等教育收费体系必不可少的补充，也是高等教育投入体制改革的有机组成部分。中央政府在1993年公布的《中国教育改革和发展纲要》中提出，到20世纪末，财政性教育经费占GDP的比例达到4%。1998年颁发的《中华人民共和国高等教育法》第五十五条第二款规定："国家设立高等学校学生勤工助学基金和贷学金，并鼓励高等学校、企业事业组织、社会团体以及其他社会组织和个人设立各种形式的助学金，对家庭经济困难的学生提供帮助。"并在第六十条强调指出："国家建立以财政拨款为主、其他多种渠道筹措高等教育经费为辅的体制，使高等教育事业的发展同经济、社会发展的水平相适应。"为此，通过政府专项教育经费投入，为大学生资助政策体系贯彻落实提供资金保障，国家作为资助体系的第一大出资人，彰显了其在资助政策体系资源中的主体角色。

（2）高校提取

根据国家有关规定，普通高校（不含民办高校）每年从学费收入或事业收入中足额提取一定比例的经费，用于资助家庭经济困难学生，如学费减免、勤工助学、校内奖助学金和特殊困难补助等。随着资助政策体系的发展与完善，国家对高校提取比例进行了适当调整，以减少高校提取资金总额，但由于规模扩招、校园建设以及政府财政投入不足，引起高校经费紧张，使高校负债比例居高不下，为此，从长远来说，高校在提取自有资金来加大对资助政策体系的投入潜力不大，但作为助学体系第二位出资人的地位，是其他方面都无法替代的。

（3）商业银行贷款

国家助学贷款是促进我国高等教育事业发展的金融手段和政策，是我国高等教育大众化发展的重要支撑，自 1999 年开始国家助学贷款试点至今，在市场经济环境的影响下，国家助学贷款在高校学生资助政策体系中发挥了主渠道作用。根据我国金融、教育体制特征，国家助学贷款是由银行自筹，政府担保并提供贷款利息，主要用于解决困难学生学费及住宿费问题，具有"商业性"与"政策性"双重特征的商业贷款，其承办主体是由政府按高校隶属关系委托相应的资助管理部门通过招投标方式确定的商业银行及其他金融机构。有关助学贷款模式、运行机制及解决措施，将在国家助学贷款章节中单独论述。

（4）社会捐赠

社会捐赠指直接向高校或困难学生提供的资金性资助，其行动主体主要包括热心公益、支持教育、具有高度社会责任感的企事业、社会组织以及海外华侨、社会名人、知名校友、爱心人士等，在资助对象上讲，还包含受资助学生的亲属、邻居、朋友等，其捐赠性质都是直接的无偿资助，基本通过设立基金或直接捐赠的方式资助贫困生。同时，高校积极探索校企无缝链接式联合培养资助模式，即企事业单位与高校、贫困生个人三方签订联合培养协议，由单位负责向贫困生提供一定的助学金，学生毕业后直接受聘于出资单位，达到高校、学生、企业三方共赢。随着慈善事业的发展，越来越多的爱心人士加入慈善行列，使社会资助成为高校学生资助工作中的重要组成部分。

（五）资助政策的传递模式——资助方式

1. 资助方式的划分

资助方式即指资助主体将资助资源进行分配的形式，是高校学生资助政策体系中的一个关键环节。资助方式的取舍，将影响资助资金使用效率的高低以及资助资源分配的科学性、公平性。目前，学术界较多见的有六种分类法、七种分类法两大模式，其中前者一般包含奖学金、助学贷款、勤工助学、困难补助、减免学费、"绿色通道"等；而后者一般包含政府奖学金、政府助学金、社会奖学金、生活补助、减免学费、勤工俭学及助学贷款。根据国家资助政策完善进程及实施现状，本书将资助方式分为五大类：国家奖助学金、国家助学贷款、学费补偿贷款代偿、师范生免费教育、其他辅助措施等，其中其他辅助措施包含中央财政利用中央专项彩票公益金设立的高校家庭经济困难新生入学资助项目，学校从事业收入或学费收入中自主提取资金设立开展的勤工助学、学费减免、"绿色通道"资助项目，各级地方政府利用财政性资金设立的各种奖助学项目以及由社会组织和个人出资开展的捐助活动项目四小类，并按照资助方式的分类在第一部分第二章至第六章中分别进行论述。

2. 资助方式的再分类

为了准确了解学生资助政策，很多专家学者研究探讨高校学生资助方式时，又进行了再分类。

（1）按照资助途径再分类

按照资助途径再分类，资助方式可划分为两种类型：直接资助和间接资助。直接资助指明确授予学生的资助资金，如奖助学金、国家助学贷款、学费补偿贷款代偿、新生入学资助项目、勤工助学、学费减免以及困难补助、"绿色通道"、社会资助等；间接资助是指政府或社会通过向大学生群体、向高校或有关方面提供资助、优惠或提出经济要求，从而使大学生个人受益的经济资助，如国家对学校拨款、建造学生公寓、配备医疗服务，等等。本书中探讨的只是直接资助方式。

（2）按照资助用途再分类

按照资助用途再分类，资助方式可划分为学费性资助、生活费资助两种类型。其中学费性资助即指主要用于支付学生学费用途的资助资金，如国家助学贷款、学费减免及"绿色通道"。而生活费资助主要指资助资金用于缓解学生生活经济压力，如新生入学资助项目、勤工助学、困难补助、社会资助以及各类助学金。对于各类奖学金，由于金额较大，受奖励的学生大部分用于支付学费，因此从这个意义上来说，奖学金应归属于学费性资助。

（3）按照资助目的再分类

按照资助目的再分类，资助方式可划分为奖励型资助、帮扶型资助。如设立的各类奖学金属于奖励型资助，而各类助学金、国家助学贷款、新生入学资助项目、勤工助学、学费减免以及困难补助、"绿色通道"、社会资助都属于帮扶型资助。

（4）按照贫困生获得资助的性质再分类

按照贫困生获得资助的性质进行再分类，资助方式可划分为三种类型：赠予型资助、劳务报酬型资助和"延迟付费型资助"。赠予型资助是指资助金以福利的方式"无偿"资助给贫困生，如各类奖助学金、新生入学资助项目、困难补助、学费减免以及社会资助；劳务报酬型资助是指贫困生通过自己的劳动换取劳动报酬，主要指勤工助学；而"延迟付费型资助"是指为贫困生支付学费等申请办法的助学贷款或学校无息借款，待学生毕业后再还本付息，主要指助学贷款。在某种意义上，对应征入伍服义务兵役高等学校毕业生等实施的学费补偿国家助学贷款代偿应属于"劳务报酬型资助"，而"绿色通道"应属于"延迟付费型资助"。

（5）按照资金来源（出资主体）再分类

按照资金来源再分类，资助方式可划分为四种类型：政府性资助、学校性资助、金融机构性资助以及社会性资助。政府性资助指中央政府、各省地市政府出资的各类资助资金，具体来讲如国家奖助学金、新生入学资助项目、国家划拨专项困难补助等；学校性资助指由高校提取专项资金，单独用于学生的奖助学金，如勤工助学、学费减免、学校临时困难补助以及"绿色通道"等；金融机构性资助即指各商业银行或其他金融机构为困难学生发放的低息贷款，主要有国家助学贷款；社会性资助指企事业团体或个人在高校向学生提供的各类奖助学金。

第二章　国外高等教育资助研究

在一些发达国家，很早就形成了比较完备的高等教育贫困资助体系。分析和研究这些国家的高校大学生资助体系，有助于有针对性地检视我国大学生资助体系存在的问题，从而对我国的资助体系进行适当的调整完善。基于此，本章将对国外一些具有代表性的经验进行总结和介绍，以期在理论构建和实践操作等方面为发展完善我国的资助体系提供参考和借鉴。

第一节　国外高等教育资助相关理论

一、教育公平理论

教育公平一直以来是国内外教育思想理论界公认的重要理念，古代诸多教育家和思想家都极为推崇教育公平理念，正如孔子的"有教无类"教育理念，就是说教育应当公平，无论身份、地位有何不同，每个人都有平等接受教育的权利。教育公平作为社会公平的重要组成部分，高等教育作为教育体系的重要阶段，若不能实现教育公平，将极大减损社会公平的实现程度。因此，我们讨论高校大学生的资助问题，应当首先解决教育公平问题。只有充分实现教育公平，资助政策的原初作用才能充分发挥。现阶段的教育公平理论存在几大代表性观点，笔者选取其中几种作为研究支点。

1. 马丁·特罗大众化理论中的教育公平理论

马丁·特罗（Aatin Temm）在1973年提出"高等教育大众化"阶段论，即毛入学率在15%以下的高等教育属于精英教育阶段，在15%～50%范围之内属于大众化阶段，高于50%则进入普及化阶段。马丁·特罗的教育公平理论能够为高校大学生资助管理政策的进一步推进提供有益借鉴。近年来，我国高等教育普及化程度进一步加强，已经步入了大众化、普及化阶段。同时，人们对高等教育公平的要求进一步加强，由于是否接受高等教育对就业者起着越来越重要的作用，越来越多的人开始尝试通过实行补偿性举措降低弱势群体入学机会的不平等。当受教育权逐渐成为每个公民都能切实享有的权利时，如何保证高等教育机会公平是当前教育改革首先要解决的问题。因此，他主张通过实行补偿性的措施来促进教育公平。

2. 詹姆斯·科尔曼的教育公平理论

詹姆斯·科尔曼（James Samuel Coleman）曾受美国教育部委托，率调查组调查美国教育公平问题。该调查覆盖面较大，以美国各地 4000 多所学校中的 64 万学生为调查对象，因此相关调查报告被认为是当时历史上最富有成效的报告之一。报告根据种族将学生划分为六种不同类型，分别是黑人、美洲印第安人、亚裔、波多黎各人、墨西哥人、白人，分类统计研究不同种族学生在种族隔离、设施和师资、学习成就以及与成就相关的学校特征因素四方面的现状与差异。在对调查材料进行充分论证和调研的基础上，1966 年，该调查组向国会提交了《关于教育机会平等性的报告》，即历史上饶有声誉的《科尔曼报告》。《科尔曼报告》的主要创新点在于将学生的学习成就归入教育机会公平领域展开研究，最终做出了以下四点主要结论：第一，美国国家公立学校中存在严重的种族隔离和种族歧视问题；第二，不同学校之间的差距对不同种族的学生的影响不同；第三，学校等社会因素及家庭背景因素导致黑人儿童学习水平普遍较低的现象；第四，不同学生的社会家庭背景对处在不同社会阶层的学生的影响不同。

詹姆斯·科尔曼对教育公平的论述主要基于接受教育的具体过程展开。首先，在入学前教育公平体现为获得教育的机会均等，他提出应当设置一种免费教育制度，使不同社会背景的儿童能够学习到同样的课程，使学前儿童受教育程度达到入学要求。其次，教育机会均等体现为接受教育过程中的教育机会均等，这种教育公平的标准在于不同出身背景的学生群体中有同等比例能够获得同样的教育机会的学生。再次，教育公平还应当包括教育结果公平，即不同性别或社会阶层均有相应比例的学生获得相似程度的教育成效。最后，教育对就业机会影响均等化同样是教育公平的重要组成部分，教育可以克服先天差异所造成的地位和经济上的不平等，弥补因先天家庭经济条件、接受教育程度及文化习俗的差异对子女未来可能产生的一系列不利影响，最终达到影响社会制度发展的效果。换言之，即通过实现教育公平来促进社会公平。应当注意，我们只能不断接近公平，而不可能完全实现它，绝对的公平是不存在的。这种接近程度由教育投入的均等程度决定，同时受校内和校外差异度影响。詹姆斯·科尔曼关于促进教育机会均等化的主要观点在于促使教育公平由入学机会平等扩展为教育程度平等及就业机会的平等。

3. 皮埃尔·布尔迪厄文化资本理论中的教育公平理论

皮埃尔·布尔迪厄（Pierre Boimiieu）被认为是法国当代著名的社会学家，其有关文化与权力的关系论述成为西方社会学研究的主要内容之一，产生了很大影响。皮埃尔·布尔迪厄认为资本应当被划分为经济资本、社会资本和文化资本三种类型。他认为通过家庭传递的教育资本等文化资本，相较于经济资本和社会资本来说能够实现极佳的继承性，也同时能够影响经济资本和社会资本的发展。文化资本理论（教育资本）是布尔迪厄教育社会学理论的重要内容之一，所谓文化资本理论（教育资本）指不同家庭教育可能实现的文化财产，即所有与教育相关的财产或与文化生活有关的资产，依据其表现形式的不同可进一步分为形体化、客观化和制度化三类文化资本。第一，形体化文化资本指精神和身体的持久性影响产生的文化资本，如通过家庭教育熏陶所获得的兴趣、人文修养或生活习惯等无形存在的文化资产；第二，客观化文化资本表现为以教育产品的形式存在的资本形态，如实际存在的图书、器械等有形物质文化资产；第三，制度化文化资本则表现为以教育资格存在的资本，即通过学校教育而获得文凭等方式所具备的处于无形与有形之间的文化财产。基于此，文化资本与教育之间存在极为紧密的助益关系，学生在接受教育时所获得的收益和资本往往与已有的家庭文化资本和教育资本密切相关，同时学生在教育过程中获得的文化资本被教育形式固定化和制度化，通过教育学生实现文化资本在家庭中纵向传递来促进社会结构的再生产。詹姆斯·科尔曼的教育公平理论旨在强调社会资本对教育实现可能性的影响，而皮埃尔·布尔迪厄则进一步强调文化差异对教育不公平的影响。皮埃尔·布尔迪厄对法国不同阶层的人在接受高等教育方面的不平等问题进行了调研。研究发现，不同社会阶层中接受高等教育的人数比例差异明显，他认为此种形式的教育不公平是违反教育公平原则的显性表现。为分析教育机会不均等现象存在的隐性表现，他分析了不同社会阶层的子女教育选择及目标的差别，主要有以下三点结论：第一，在主观目标方面，社会阶层越低，接受高等教育的意愿越低；第二，在专业选择差异上，社会下层学生比社会上层学生受到更多选择性限制，社会下层学生一般只能选择文学院或理学院，而社会上层学生则能够选择法律、医学等专业；第三，在学业成就差异方面，在学校未实行统一教学的情况下，上层家庭子女与下层家庭子女间的学业差异较为明显，其主要原因在于不同阶层子女对文化资本的实际占有量存在明显差异。

总而言之，皮埃尔·布尔迪厄认为尽管经济资本在学生发展道路上处于主导地位，但并不是能够决定学生阶层身份的唯一因素。在他看来，家庭教育背景较好的学生，由于从小接受主流的、被认可的文化和品行熏陶，因而在学校教育中也往往会有更多的优越感或优先权，相较于家庭经济贫困的学生而言往往处于优势地位。除此之外，优越的家庭地位和经济背景能够为其提供经济上和文化上的支持，从而加速这部分学生在学习和生活上的发展。基于此，他认为学生之间不同的家庭背景、文化差异、经济资本等都是造成教育不公平的原因。

二、教育评估理论

教育评估的概念自提出以来一直变动不居，其具体含义截至目前尚无统一的科学释义。不同学者对其概念的阐释使教育评估理论的内容不断得到拓展，逐渐能够揭示教育评估理论的本质问题。西方教育评估理论的研究已经有相当多的成果，研究深度远远超过我国，因此，借鉴国外经验能够为我国教育评估实践提供指导和助益。

1. 斯塔弗尔比姆的教育评估理论

斯塔弗尔比姆（Stuffebeam，D.L）（1966）认为教育者需要采用一个较广义的评估定义，而不只是局限于预先拟定目标达成的情况。他认为，教育评估应当为教育计划的顺利推进提供帮助和指导，并将教育评估定义为"为决策提供可用信息的过程"。他强调评估的主要目的是收集、分析有用信息，而不仅仅是评估本身，才能帮助教育决策者做出正确的决定。斯塔弗尔比姆的教育评估理论主要指"CIPP评估模式"，认为教育评估的主要意图在于为教育决策提供有用的信息，教育评估主要包括对教育背景、信息分析、教育过程和教育成果四方面的综合分析，每一部分的评估结论都能为教育决策的正确实施提供参考，综合以上信息得出的综合性评估结论更是如此。其中，针对背景的评估主要是确定目标、分析评估目标实现的可能性；信息分析评估实际上是条件审查，主要是分析条件实现的可能性；过程评估通过对教育过程的观察分析发现其中存在的问题；成果评估为决策的最终做出提供综合性的信息，预见决策可能出现的风险。由此看来，"CIPP评估模式"将做出正确的决策而不是实现某一教育目标作为评估重点，突出评估的信息功能并强调通过评估找到工作重点、实现决策的正确性。它还试图将信息评估、分析评估和综合评估结合起来，以做出更加科学准确的评估结论。另外，该模式实质上将教育目标也纳入了评估活动之中，以保证教育目标本身的合理性。

2. 斯塔克的教育评估理论

斯塔克（R.E.Stake）（1973）在肯定教育评估理论的基础上提出了自己的教育评估理论，被称作"应答评估模式"。教育结果并不能完全实时性地体现教育评估价值，而可能存在一定的非实效性和潜伏性。因此，斯塔克反对通过预设目标进行教育评估。斯塔克强调教育评估首先应当与相关人员直接对话并进行实地调查，倾听与教育方案具有直接关系的人提出的意见和建议，在评估过程中考虑不同主体的利益诉求，强调教育评估的分散性和评估关系主体的正当利益。评估者与教育评估相关的各方利益主体在进行对话后充分了解各方利益诉求，分析进行教育评估的现实可能性。斯塔克认为，解决教育问题只有依靠与其直接相关的人才能推进教育评估活动，促进教育工作进一步发展。在具体操作中：首先，需要征集评估关系主体的问题与利益诉求，多角度了解现实状况和各主体评估需求后制订评估的具体方案；其次，要深入现实的教育活动中观察和发现问题；再次，充分收集社会各界对教育活动的不同观点和看法，并请教相关领域的专家进行详细论证；最后，通过综合分析资料得出最终评估结果。总的来说，应答评估模式强调评估的民主性参与，注重评估各方主体作用的发挥，关注各方主体之间如管理者与评估者、决策者与实施者之间的交流和对话，且强调非正式评估方法，以挖掘更为全面、丰富的信息。因为该评估模式强调评估的民主性，要考虑到各主体的利益诉求，同时还要耗费大量的人力物力进行非正式评估，所以该评估模式实施效率较低。

三、教育成本分担理论

"教育成本分担理论"是由美国学者对美国、瑞典等五个国家的大学生资助状况进行调查分析之后提出的。他们发现不论经济发展的差异化程度如何，各个国家的免费高等教育政策或奖助学金政策并不能充分保证处于较低社会阶层家庭的子女、边远山区学生、少数民族学生获得与其他学生完全平等的高等教育机会，而且可能产生马太效应。D.Bruce Johnstone 作为"教育成本分担理论"的首创者，指出"无论在什么社会体制的国家，高等教育的必需成本都应当由以下几方主体来分担：国家、家长、学生、社会（雇主和纳税人）和高等院校"。受该理论的影响，国际上的普遍认识是政府承担大部分的高等教育成本，接受教育者承担学费等小部分必要成本。此外，针对经济特别困难、确实无力继续求学的学生，原来完全免费的高等教育政策逐渐转型为以奖学金、助学金或其他形式提供资助的多元救济政策。1943 年马斯洛在《人类动机理论》一文中提出人的需要由低级到高级分别为生理的需要、安全的需要、归属与爱的需要、尊重的需要、自我实现的需要。这就是著名的"需要层次理论"。根据这一理论，有学者调查后指出，家庭经济困难学生在接受教育期间迫切需要解决的困难和问题依次是经济压力、学习压力、心理压力、人际关系、就业压力等。他们的需求同时体现在现实困境和发展需求上。高校贫困生能够继续求学是资助工作的出发点和落脚点。因此，要建立健全有效的资助政策体系，首先需要了解贫困生的实际需要，既要了解他们在物质层面的需要，也要了解他们在精神层面的需要，以便增强资助政策的针对性。充分了解资助对象实际需要的基本路径，就要将需要研究和分析的对象视为一个整体，分析其人员构成、研究背景、外部环境之间的相互关系和变动规律。高等教育贫困生资助体系是个非常庞杂的系统，其内部各要素之间存在相互作用、相互依存和一定条件下相互转变的紧密关系，还可能受传统经济状况的影响。因此，进一步完善我国高校贫困生资助体系是个大命题，其牵涉范围尤为广博，关乎整个高等教育事业的发展状况，关系社会、经济、政治、文化、法律和伦理等方方面面，需要将其纳入社会大背景中加以考虑，当前需充分调动各方主体的积极性，努力发展完善符合我国国情的有中国特色的高校贫困生资助政策体系。

基于此，在开展我国高校大学生资助管理问题的研究过程中，要注意明确以下几点：其一，教育资助活动应当进一步系统化，尽可能地将所有情况予以综合考虑。其二，高校资助政策的目的应当在于促进学生的自我发展而不仅仅是经济援助。其三，高校资助政策的核心在于价值判断，教育价值包括个人价值和社会价值两方面，在资助政策的制定过程中，既应当关注接受教育者的个人发展需要，又要关注社会整体发展需求，使教育资助的价值实现建立在双方的真正需求基础之上。其四，除公共价值与个人价值的价值判断标准之外，教育资助政策还应当关注教育活动可能带来的显性效果和隐性效果。显性效果即指预设目标的实现度评估，隐性效果则指预定目标外部性效果的评估。因此，本研究对高校大学生资助管理活动进行教育评估工作时，要注意理论指导，注重对教育资助过程合理性、目标准确性、材料真实性等方面进行有效的把握。除此之外，还要注意把握现代高校资助活动的五大发展趋势：定量分析与定性评估相结合、过程分析与结果评估并重、自我分析与他人评估互补、正式分析与非正式评估共存、多元分析，以尽可能地增强评估工作和研究成果的科学性与完整性。

第二节　国外资助模式发展概述

一、美国资助模式——混合资助模式

美国的教育资助体系相对较为完善，经过多年发展，基本上形成了适合其本国国情的资助系统。美国教育资助体系呈现出多元化的特点，政府、社会、学校都是美国教育资助的主体，资金实力强、资金来源丰厚是美国式资助体系的显著特点。凭借多元化的资助渠道，美国资助体系较为完善。

混合式资助模式是美国资助政策的重要内容，其最大的特色就是多元化，无论是资助资金、资助方式还是资助主体都呈现出多元化的特点。这种资助模式因而是一种较为复杂的、综合性较强的高校教育资助模式。美国的大学会根据学生的实际情况定制不同的"资助包"，以供拥有不同需求的学生选择，贫困并不是美国资助政策唯一的考量因素。美国政府、高校和社会对学生进行经济资助的主要目的在于援助经济困难的学生持续学习，不让任何学生因为经济问题而失学，而不仅仅是扶危济困。近年来，美国开始转变学生资助思路，不仅仅针对家庭经济困难的学生，对于品学兼优的学生也进行了相应的资助。20 世纪 90 年代以来，美国政府对高校的资金支持逐渐减弱，由于经费不足，高校只能通过提高学费增加收入，学费的高涨直接导致大多数贫困家庭学生的学业难以为继，加上美国政府的资助政策已由原来的赠予型资助转变为贷款型资助，不少高校发现，如果不加大对部分学生的资助力度，学校就会面临优秀生源流失和收入下滑的局面。美国的"资助包"包含贷学金、奖学金、助学金、校园兼职、减免学费五种资助方式。学生拥有选择适合自己的资助模式的权利。这种以大学生实际需要为基点的资助体系，可以有效发挥大学生的积极性，发挥资助政策的最大效用。1944 年，罗斯福政府颁布《军人权利法案》，该法案第一次涉及美国政府资助政策，因此被认为是美国政府资助政策的起源。此法案虽然只涉及退役军人的资助问题，但对学生资助政策的建立起到了很大的作用，在美国学生资助政策的发展历史上具有非常重要的地位。美国奖助学金有国家级、校级、院系三类，除此之外还有由社会团体设立的奖学金项目，资助资金来源的多元化决定了奖助学金种类的多样性。美国奖助学金的主要资金来源分为国家资金支持、各州政府资金、各种学校基金、社会捐赠四个部分。其中，国家资金支持在学生资助活动中占据主导地位，是学校资助政策的主要资金来源；州政府资助的金额较小，发放范围的限制也较为严格，基本上只针对在本州高校求学的本州学生；学校基金利用学校历年的预留经费与积累设置本校奖助学金，通过设置各种资助项目争取优质生源和政府资助。美国高校奖助学金项目可以分为三类：服务型奖助学金、非服务型奖助学金和助学贷款。服务型奖助学金包括科研补助金和助教补助，学生在学校完成相应的助教、助研工作后才能获得此类补助。有关的资助计划规定经济困难学生可以申请参加，由学校决定其是否符合资助条件，接受资助的学生每周将会有 20 小时以内的工作量，资助金来源于联邦政府、学校、社会资助。美国的服务型奖助学金制度与我国高校中的勤工俭学类型相似，但主要的区别在于美国高校提供的学生工作岗位更丰富，涉及主体更多元。非服务型奖助学金中的奖学金和助学金的申请程序与其他国家区别不大，学生可以通过获得奖助学金减轻学费压力。值得一提的是美国的助学贷款，根据由中国社会科学院国家金融与发展实验室与银行研究中心联合发布的《中国消费金融创新报告》，美国的消费信贷可以细分为学生贷款、汽车贷款、信用卡贷款等。2008 年国际金融危机之后，信用卡贷款呈现下降趋势，其占消费信贷的比重已从 2008 年的 37.6% 大幅下降到 2016 年的 26.5%。与之相反的是，学生信贷、汽车信贷出现爆发性增长。尤其是学生信贷，其规模从 2003 年的 253 亿美元升至 2015 年的 1232 亿美元，增长 387%。截至 2016 年，美国的学生信贷占比已经上升至 37.3%，成为美国消费信贷中占比最大的一类。该报告还显示，除政府支持外，约 19% 的学生贷款来自商业银行等金融机构。这部分贷款是美国国家助学体系的有益补充，可以有效地减轻学生的经济压力，但这种学生贷款的利率也相对较高。另有资料显示，2015 年有 68% 的美国大学生在学生贷款支持下完成学业，学生贷款的比例超过信用卡贷款。目前美国贫困学生助学贷款已经成为其顺利完成学业的重要方式。据统计，有近 23% 的美国学生在校期间申请过国家助学贷款。美国的助学贷款种类多样，贷款数额也十分灵活多元，实施机制非常完善，基本实现了政府、银行和学生"三赢"的局面。助学贷款的多样性能够适应学生的不同需求，贷款金额来源的多元化使美国助学贷款取得了较好的社会效果。美国现行的助学贷款包括联邦伯金斯贷款、联邦家庭教育贷款、联邦直接学生贷款三大类。助学贷款实施机构有政府部门、高校和商业银行等金融机构，学生可以根据自己的实际需要申请适合自己的贷款种类、贷款机构和还款方式。如果遇到失业、重大疾病和残疾等特殊情况，贷款学生可申请延长还款期限，毕业后还可以享有多种贷款减免优惠政策。美国政府是助学贷款风险的担保人，银行和其他金融机构因助学贷款违约而带来的经营风险也大大降低。此外，当银行或者其他金融机构提供贷款时，联邦政府还会通过补贴银行贷款利息等方式刺激银行和其他金融机构放贷。在申请标准上，基于美国资助资源的充裕性，各类资助项目的申请标准较其他国家而言更为宽松。家庭经济情况和学业成绩是美国申请助学贷款的主要考核标准，这与其他国家并无二致。有所不同的是，美国不直接将家庭经济情况设置为助学贷款项目申请的唯一标准，而是通过法定的量化"需求分析"方法计算学生的实际经济需要，从而确定其是否可得到贷款及贷款可得的资助金额。

1. 美国模式的具象化分析

（1）大数据利用下的精准识别

精准扶贫的逻辑进路首先应当是精准识别，只有在精准识别的基础上才能更好地推进精准扶贫。现阶段我国扶贫工作最为人诟病的问题并不是国家的扶贫力度或决心不够，矛盾的焦点在很大程度上体现为精准扶贫的对象认定程序不明确，在学生资助领域的现实情况是学生与老师关系的密切程度，而不是实际的家庭经济状况成为贫困资助工作中更具影响力的因素，在没有单亲、重大疾病等明显事由外，与负责老师关系不够密切的学生很难在贫困资助问题上被认真对待。有学者指出，高校腐败情况日趋严重，存在大量的权力"寻租"，如何促进高校精准扶贫工作纵深发展，首先要解决的就是高校的体制机制问题。这个问题是精准扶贫推进过程中的核心，是高校改革难啃的硬骨头，牵涉部分当权者的利益，甚至可以说是利益链，没有人愿意将权力让渡于程序，因为程序或许可以较为有力地保障公平，但是高校当权者会认为自己的权威无法体现。因此，我们首先要解决的问题就是将权力装进制度的笼子里，让制度成为权力的守门人，只有这样，精准扶贫工作才能深入推进。

在解决上述体制悖论之后，接下来需要解决的问题是如何实现精准扶贫中的"精准"。"扶贫"，顾名思义是指对贫困学生的帮助和支持，而扶贫对象的选择是推进精准扶贫需要解决的重要课题。我国尚未建立起程序化、标准化的扶贫对象的选择制度，对于高校贫困生资助对象的选择，实践中的做法大多数是通过老师向学生了解情况、学生之间相互推荐或通过其他方式（如以学习成绩、平均分配）进行的。这几种方式显然都具有一定程度的不足和缺陷。因此，我们需要建立一种程序化、标准化的定量评选方式，根据相关指标进行量化分析，以推动实现最大限度的公平。大数据技术的快速发展回应了这一现实需要，时至今日，将大数据技术应用于资助对象的选择工作并非遥不可及，美国在这方面已经有先进的经验可供借鉴，下文将予以分析。

美国具有科学化的贫困学生精准识别程序，以 FAFSA（联邦学生资助免费申请表）为例进行分析，美国国会制定了关于申请人的多方面的量化计算标准。教育部根据该标准对贫困补助申请人的个人和家庭基本情况、收入和资产状况等一系列可量化指标进行科学分析，最终确定是否应当给予申请人以经济扶持。美国 FAFSA 制度之所以能够成功实施，与美国完善的经济体制密不可分。首先，美国实行税务自行申报制度，为保证税款归入国库，同时设有严格的惩罚机制。美国还有先进的税务信息化管理机制，税务机关上下级和同级不同部门之间实现了信息的互联互通，以保证信息化管理发挥实效。除此之外，美国还通过实施收入监控体系核对非劳动收入，并将个人的所有财产纳入经营性收入的范畴，以此来评判学生家庭的经济情况。除此之外，美国教育部借助大数据技术平台充分掌握了公民的个税缴纳情况，可为评估学生家庭基本经济状况和教育费用的可接受力提供数据技术支持。

（2）"新分级资助"模式：精准匹配

精准匹配即精准分析资助对象的个体需求，有针对性地提供个性化资助。我国部分高校在实施资助匹配的过程中，通常的做法是将所能提供的资助项目向学生公布，由学生自主选择。但学生往往不能明确自己能获得何种资助项目或对自身真正需要的资助项目定位不清，经常出现盲目申请、重复接受资助等问题，且容易滋生"等、靠、要"的消极心理。同时，混合资助中的子项目不能形成合理有效的互补，这不仅影响资助政策实施的效率与公平，而且不利于塑造家庭困难学生正确的价值观。要发挥精准匹配在精准资助工作中应有的积极作用，需要将现有的学生资助政策组合打包，进一步增强资助方案的差异化和针对性，形成一个现实的"资助包"，向学生提供不同类型的资助供给。根据美国联邦教育部的官方解释，"资助包"的基本内容包括奖学金、助学金、贷学金、勤工助学等多种资助形式，旨在通过多方协同解决贫困学生的上学难问题。其"国会方法"操作流程可概括为以下几个核心步骤：第一，根据学生申请计算"教育成本"；第二，评估学生教育资助需求；第三，学校根据学生的实际家庭情况制订资助方案；第四，综合考虑学生已经获得的资助项目和尚未获得的资助项目，进行适当调整，以实现协同资助的效果。这种分级化和多步骤的计算标准共同促使美国学校资助政策实现了"因人而助"。我国高校"资助包"的设置也是以"分级资助"为原则的，但其可供选择的项目较少、规模较小，差异性也不够明显，贫困等级的划分标准仍然较为简陋。总而言之，构建多元分级和多重指标的"差异性资助"模式可以进一步提高学生资助政策和学生实际需求的匹配程度。高校也可以根据学生家庭收入静态指标划分家庭贫困等级，再将学生学习情况、社会实践和心理状况等动态因素引入高校贫困生分级标准，实现高校资助政策和学生需求的精准化匹配。这种方法可以在提高学习资助政策实施效率和促进教育公平的同时，推动实现家庭经济困难学生的全面发展。

（3）资助立法：精准实施

精准实施是指实现精准资助的实施过程合理、方法有效，是精准资助的保障。普遍化的东西需要制度化、程序化的规范手段才能够形成良好的秩序，做到系统优化。保障学生资助政策精准实施的法律制度是否健全，资助政策的制定和实施是否有法可依，一定程度上决定着精准资助的实施效果。美国联邦政府学生资助体系正是得益于各种行之有效的法律规范，才形成了当今世界上最完备的财政援助体系。1958年美国颁布了《国防教育法》，首次提出通过国家拨款进行贫困学生资助。根据这部法律，美国联邦政府设立了"国防贷学金"和"国防奖学金"。为推动教育公平及高等教育事业发展，美国国会于1965年通过了《高等教育法》，授权联邦政府向贫困学生提供"教育机会助学金""担保学生贷款"和"校园工读机会"。1978年美国国会又通过了《中等收入学生家庭资助法》，通过降低学生申请资助的门槛，增加了学生选择学校的机会。随着社会经济的不断发展，《高等教育法》经历了五次修订，使美国资助政策在法治化的轨道内实现了进一步的发展。

（4）"育人"目标管理：精准考评

资助评估是对学生资助工作的预期效果或影响的判断。精准考评是资助评估的精准化体现，有利于充分发挥资金效用，最大限度地发挥资助资金价值，促进教育公平。精准评估与学生资助的目标管理密不可分，这种目标管理不仅要反映社会效应，体现对财政政策的宏观认识，还要突出家庭经济困难学生在经济状况、心理健康和整体素质等方面的具体成效，提升"育人"的价值。"目标管理"的概念最初是由美国管理学大师彼得·德鲁克提出的，他认为目标是决定每个人的工作的重要因素。约翰·斯通（JohnStone）在美国经济衰退时期提出了"成本分担"理论，他对美国"学生教育"的资金来源有独到见解。他认为高等教育的成本应该由纳税人、大学、企业、家庭和学生等高等教育的受益者分担，但作为高等教育直接受益者的学生显然缺乏承担"教育成本"的能力。因为高等教育能够直接促进国家发展，因此联邦政府需要增加所有资助项目的贷款比例。这样，在学生接受纳税人和政府帮助的同时，也适当承担了接受高等教育的部分经济成本。这是一种强有力的、有针对性的资助方法。

我国传统的高校资助系统主要建立在上下级之间基于政府主导、程序遵循和违法惩戒的内部循环中，对于政策是否或在多大程度上实现预期目标的考虑不足。近年来，我国逐步建立起以"教育"为资助导向的学生资助考评体系。该体系以"教育"的价值实现为基础，由国家设立整体的价值目标和操作程序，并通过各级分层将其转变为各级政府机构、高校和个人的具体的可量化的指标，最后根据目标的完成度给予奖励或惩戒。在具体实施中，教育部全国学生资助管理中心制定了《中央部属高校学生资助工作绩效考评暂行办法》，借助第三方独立机构对学生资助政策的实施效果进行评估。评估的主要指标包括高校各项资助指标设计和基础建设、资助实施的具体过程、资助工作成效和资助育人等，通过对多项指标综合分析和总体评估，评价其资助工作的开展情况。这种考评模式通过评价资助政策在受助学生中的实施效果，充分体现出高校资助工作的"教育"价值。美国联邦政府差异化学生资助模式有效调动了家庭经济困难学生的学习主动性，提高了学生资助资源在各高校和学生之间的配置效率，对我国高校精准资助的发展具有重要的借鉴意义。

2. 美国模式对我国高校资助工作的启示

美国模式是包括助学贷款、奖助学金、勤工俭学和减免学费等资助方式的综合性资助模式，是一种多元化、多层次的混合资助模式，对世界各国贫困大学生资助政策的制定和完善产生了重要的影响。美国的贫困生资助模式经历了半个多世纪的发展，不断趋于完善。2007年之前，其基本特征可以概括为：资助形式以教育贷款为主；资助目的以实现教育公平为主，主要资助家庭经济困难的学生，即资助政策的实施主要依据学生家庭经济条件这一标准。2007年之后，美国增设了学术竞争助学金（ACG）和鼓励学生学习自然科学的助学金（National Smart Grant），逐步开始强化资助的教育功能。美国现行的助学贷款主要有帕金斯贷款、斯坦福贷款和学生家长贷款。帕金斯贷款由政府出资、学校管理，主要针对特困大学生及研究生。学生在校期间的贷款利息由政府代付，学生毕业或离校9个月后开始还款。贷款的学生毕业后如服军役或到指定的公立中小学任教，可予以部分减免或者全额免除。斯坦福贷款由政府出资、政府承担风险或由金融机构出资、政府担保，面向有经济需要的大学生，分为政府贴息贷款和无贴息贷款两种。贴息贷款面向家庭经济困难或者家庭经济特别困难的大学生，政府支付学生在校期间及还贷期内的贷款利息；无贴息贷款主要面向家庭情况较为良好的大学生，政府不支付学生在校期间的贷款利息。

从美国模式看，其对我国的启示主要包括以下两个方面：其一，资助政策差异化程度高，能够满足不同学生的贷款需求。助学贷款和还款方式比较灵活，可以满足不同类型的家庭经济困难学生的需求。同时，美国大学在政府的支持下为学生提供了很多的勤工助学岗位，帮助一些不能申请助学贷款但学习成绩优异的学生继续求学，这些岗位能够获得的报酬一般较高，可以帮助学生大大减少生活压力。其二，多种资助政策共存，管理制度具有科学性。差异化的资助政策可以满足不同家庭背景的学生的实际需求，但是如何进行统一管理是需要解决的一大问题，资金来源多样化、政策执行差异化，需要制定更加完善的管理制度。

二、日本大学生资助政策——收费加贷学金

日本向大学生提供的直接资助是育英奖学金，育英奖学金依《日本育英会法》设立，并依照其执行。该奖学金与我国奖学金的无偿资助性质不同，它兼具奖、贷两个特点，是以借贷方式"奖贷"给那些学业优良但家庭困难的学生。育英奖学金分为无息贷款或低息贷款两种：无息贷款针对家庭经济困难的大学生，学生毕业后只需偿还其贷款本金；有息贷款针对所有学生，贷款利率为3%，贷款额度是一年学杂费的30%。日本助学贷款的还款期限为10～20年。公立学院的学生一般还款期限为11年，私立学院的学生一般还款期限为15年，借贷较多的学生20年内还清。第三方组织"日本育英会"是处理日本助学贷款的专门机构，全权负责助学贷款的招募、审批、发放及回收。2006年10月以后由专门的学生支援机构代其进行运营和管理。由于有专门机构的具体操作，所以日本的助学贷款的回收率在世界上是最高的，总归还率平均达95.4%。《日本育英会法施行令》规定，大学毕业生在一年内进入教育机构工作，或去公立科研机构从事非营利性的工作，可以享受减免"无息助学贷款"政策；若连续5年从事教育科研工作，将免除全部贷款，不足5年的部分减免。为鼓励提前还贷，对于提前还清贷款的学生可以给予一定比例的折扣。这些人性化的政策设计，在一定程度上有助于降低助学贷款的违约率。

1. 日本模式详述

收费加贷学金模式在新加坡、拉美及日本大为盛行，其中日本最为典型，所以这种资

助模式又称为日本模式。日本是全球第一个在全国范围内普遍推行贷学金资助模式的国家，而且效果最好。日本向大学生提供的资助主要有育英奖学金，以借贷方式对家庭经济困难的优秀学生进行奖励，目的在于奖优扶困。育英奖学金分为两种：一种是无利息的贷学金，主要对象是出身贫寒、家庭经济困难，迫切需要资助的学生；另一种是有利息的贷款，主要针对其他普通学生。

日本资助制度的主要特点在于，其提供的奖学金不是无偿的经济补助，而是提供一种无息贷款。日本学生服务组织（JASSO）是新近成立的独立性管理机构，主要负责学生贷款系统的管理。该系统提供两种学生贷款：一种是一等奖学金，根据学生的需求和成绩免息发放；另一种是二等奖学金，根据学生的经济负担能力发放，在校期间免息（结业后计息，利率最高 3%）。学生申请贷款时可选择提供个人担保或者机构担保。日本教育交流服务社（JEES）可以提供联署担保，其条件是学生每月缴纳 1000 ～ 7000 日元的违约保险金。根据住所不同（在家里住或自己单独住），一等奖学金的月贷款额 44000 ～ 50000 日元不等，二等奖学金的月贷款额 30000 ～ 100000 日元不等。贷款需根据计划按月偿还，20 年内还清。学生最多可以贷 200 万日元，10 年内还清。贷款人要根据借贷额的多少缴纳一定的押金（最多 10 万日元左右）。2003 年，日本全国助学贷款额高达 3000 亿日元，贷款人共计 20 万人。另外，由于有专门的组织机构来负责助学贷款的审批、发放，日本助学贷款的回收率在全世界范围内相对较高，可以达到 90% 以上。

在政府的推动下，日本形成了主要由育英会奖学金制度、国民生活金融公库教育贷款和勤工俭学制度三部分组成的大学生资助体系。育英会奖学金制度是一种国家助学贷款制度，其贷款对象主要是学生家长。教育贷款中以具有政府背景的国民生活金融公库开办的"国家教育贷款"最为出名。1949 年 6 月，由日本政府全额出资设立的政策性金融机构——国民生活公库设立，旨在为那些难以通过银行或其他金融机构获得资金的企业或个人提供贷款，1978 年开始为低收入家庭提供教育贷款，其贷款对象主要是家庭经济困难的学生家长。贷款利率较为固定，一般高于其他的教育贷款，但较商业银行贷款的利率要低。育英会奖学金制度是日本大学生资助制度的核心。虽然育英会奖学金制度已经从 2004 年更名为贫困学生支援机构，但其运行机制并没有发生实质性的变化。因为日本没有无偿的学生资助制度，因此日本成为世界上唯一以贷款为主对大学生进行资助的国家。日本认为子女教育问题是家庭需要解决的实际问题，国家贷款制度只是短期帮助负担能力不足和经济困难家长解决这一问题。日本育英会奖学金不是无偿赠予，而且其贷款回收率非常高，因此极大地减轻了政府的财政负担。为了应对不同需要，日本实行差异化的贷款制度，将国家助学贷款分为第一贷款和第二贷款，由无息贷款逐渐转变成有息贷款。这两种贷款方式在资助对象、资助性质、资金来源、利息支持、申请标准和免还制度上都存在差别。在运营机构方面，日本政府为了实现社会公益的目的，设立了一个独立的政策性第三方中介机构来运营国家助学贷款。此机构被定性为独立的企业法人，由政府组织设立，但其又独立于政府，类似于我国事业单位，日常运营费用也由国家财政保障。此机构的设立有效避免了因政府直接干预助学贷款可能产生的权力寻租、低效率和形式化等弊病。

2. 日本模式的成效

其一，灵活的资助政策和明确的资助对象。日本的两种贷学金政策明确规定了接受资助的条件，以确保品学兼优却家庭困难的学生接受良好的高等教育。学生毕业后获得的报酬往往较高，大大减少了难以支付贷款的情况，加之贷款还款期限较长，这将有效降低贫困学生毕业后的还款压力，减轻家庭经济负担。

其二，严格的管理制度和专业的管理机构。日本为规范助学贷款管理，设立了专门的管理机构——育英基金会。该机构由国家直接管理，其组织建设和机构设置都十分明确，育英基金会下设理事会和评议会。国家制定的《日本育英会法》规定了会长、理事长、理事、监事均为国家公务员，在任期内不允许兼职或从事其他营利性活动。日本贷学金对申请学生情况的审核十分严格，为保证资助对象信息的真实性，它对贷款学生的家庭经济状况和学生的学习状况有严格的要求。

其三，贷款回收率全球最高、持续高效运行。育英会审核发放的贷学金中有很大一部分是已经回收的贷款资金。日本贷款回收率很高，统计数据显示，20 世纪 90 年代贷学金的回收率已经达到 90%，到 1994 年已经高达 97%，资金的按时回收保障了贷学金制度的长期高效运行。

3. 日本模式对我国高校资助工作的启示

其一，设立专门机构，完善政策机制，指定专人管理。我国高校辅导员或班主任在资助工作的具体实施中普遍拥有较大的自主权，在资格审核过程中不能全面了解学生的家庭情况，存在巨大的利益寻租空间。对学生家庭情况的了解不够全面，不考虑学生的经济困难，不利于实现教育公平。相对而言，日本设立专门的放贷机构，由国家直接管理，大大简化了助学贷款的审核、发放、回收等中间环节，有利于建立政策实施的长效机制。

其二，具体问题具体分析，注意政策制定的差异化。日本的贷学金政策能够取得良好的实施效果，主要依赖于其贷款的高回收率。相对而言，我国在这方面的工作存在不足，需要进一步的完善。贫困生资助是一个系统工程，单一的资助政策很难达到理想的效果，我国需要结合学生自身的实际情况探索建构多元化的资助体系，扩大募集资金的来源，更好地帮助家庭经济困难学生完成学业。

三、西欧模式——免费与助学金相结合

免费加助学金模式的大学生资助政策在第二次世界大战之后逐渐盛行，英国和德国是适用该模式的典型代表，因此这种模式又被称为西欧模式。免费加助学金模式是指高等教育免费与必要生活补助相结合，以保障学生的受教育权。西欧模式在教育公平、教育民主和教育发展等方面发挥了重要的作用。1990 年以前，英国主要采用西欧模式对大学生进

行资助。资助项目主要包括学费和生活费两部分，学费资助包含学校规定的学习费用，生活费包含食宿、衣着及交通费用。此外，该模式还为大学生提供免费的医疗和社会保险。

1. 西欧模式的成效

自 19 世纪 40 年代起至 20 世纪 80 年代，在全世界高等教育资助模式中最为盛行的是"免费高等教育加助学金资助模式"，也称为"西欧模式"，它指的是国家在实施高等教育免费政策的同时，还提供必要的生活资助。据统计，有大约 50 个国家不同程度地采用过这种模式。在这种模式下政府为所有高校学生提供助学拨款，免除所有大学生的学费，还给家庭经济困难的学生提供经济资助。1978 年以来，我国也逐渐实行这种免费加助学金的模式。每个学生不仅能够接受高等教育，大学生在校的其他必要支出也被纳入资助范围，这完整而系统地解决了学生在学习、生活上的困难，很大程度上免除了其后顾之忧，学生在毕业后也无须偿还任何费用。

2. 西欧模式存在的问题

西欧模式曾在世界范围内广受欢迎，很多国家也纷纷效仿。然而，随着高等教育规模的不断扩大，政府需要投入的财政资金逐步增加，这必然给政府财政带来巨大的压力，加重纳税人的税务负担。除此之外，免费加助学金的援助政策会降低学生之间的竞争，家庭经济困难的学生也可能因此降低学习主动性。再者，西欧模式意味着高教育成本，这将减弱政府扩大高等教育规模的能力。高等教育规模受限，使学生入学竞争更加激烈。在这一过程中，家庭经济困难的学生往往处于劣势地位。因此，西欧模式在 20 世纪 90 年代后逐渐被人们所抛弃，各国纷纷以助学贷款的模式代替以往的免费模式。

3. 西欧模式对我国高校资助工作的启示

其一，我国是世界上最大的发展中国家，人口数量也是世界之最，免费教育政策造成的财政压力是我国所不能承受之重。我国曾在 1978 年按照西欧模式推行过一段时间，但随着国家对高等教育的需求不断扩大，高校招生规模逐渐增加，免费教育政策难以为继，免费资助模式逐渐退出历史舞台。为减轻国家教育支出的财政压力，助学贷款政策应运而生。

其二，免费政策容易形成简单的平均主义，家庭经济困难学生缺乏学习竞争力。我国是农业大国，家庭贫困的学生占比明显偏大，实行免费的资助政策，高等教育入学的竞争压力就会显著增加，家庭经济困难学生因先天资源缺乏、家庭教育不足、家庭经济社会状况所迫等方面的影响和制约，在高等教育入学竞争时处于明显的劣势地位。

第三节　国外大学生资助模式的主要特点及国内外比较

一、国外大学生资助模式的主要特点

1.资助项目多元化和精确化

目前，绝大多数国家都形成了一套包含奖学金、助学金、贷学金在内的多元化、混合式的资助模式，有的国家还通过立法的形式把这一制度固定下来，使资助项目更具多样性。奖学金的设立是为了奖励那些品学兼优的学生，以帮助其顺利完成学业。但是奖学金的数额是有限制的。美国通过设立罗伯特奖学金、助学金等激励成绩优秀的学生，从表面上看，这些奖学金虽然种类繁多，但是所占的比重、名额并不多。法国、德国也同样如此。法国奖学金名额受到限制；德国"德意志国家奖学基金会"奖学金的获得人数也在2%～3%。当今国外大多采用有偿的贷学金模式逐步取代无偿的助学金模式。英国作为一个守旧的国家，早在1990年就颁布了学生贷款法，用有偿的贷学金取代无偿资助的免费教育模式。美国经过长期的探索与发展，主要形成了贷款、赠款、奖学金和半工半读四种大学生资助种类。国外在资助项目呈现多元化的同时，越来越强调有偿资助的重要性。比如，美国、日本等国家都采用的是以贷学金为主，辅之以其他方式的资助体系。这样做的目的在于早激励贫困学生的同时，促进资助领域的规范化和精确化。

2.资助方式灵活化和多样化

虽然各国资助方式大多呈现出多样性，但是在具体方法上还存在一些差异。学者张民选通过比较归纳，发现各国现行的资助方法主要分为以下几类：一是向贫困生提供无条件、无偿的助学金；二是按照学生的综合排名等相关标准发放奖学金、助学金和补助金；三是国家拨付一部分经费给高校，用于贫困学生勤工助学岗位资助或者科研项目资助；四是通过实地调查或者事先走访，为家庭经济困难学生提供一部分临时的补助金；五是向学生提供国家贷款，由政府做担保，由银行或私营机构提供贷款；六是向学生提供利息低于市场利率或无息的来自公共基金的偿还性贷款；七是提供食宿或费用低于市面价格的旅游机会；八是给予税收上的照顾。另外，有些国家还设立了"免费师范生定向就业奖学金"和"契约服务奖学金"。他们通过与受助者签订定向就业协议，以毕业后为其服务一定年限来补偿其所享受的奖学金待遇。比如新加坡要求接受新加坡奖学金资助的学生毕业后为新加坡服务六年，待遇与当地一般大学生相同。总之，国外大学生资助方法较多，显示出极大的灵活性，学生可以根据自身情况灵活选择。

3.资助管理规范化和标准化

为了规范学生资助工作，有些国家专门颁布了相关法律，明确了资助标准、资助条件以及违反法律规定应承担的法律后果。有些国家还设立了专门的资助管理机构负责资助工作的开展，使其更加专业化与标准化。比如美国，在联邦教育部和各州教育委员会设立了学生资助管理办公室，并且在各高校也设立了学生资助管理办公室，主要负责管理资助项目的审核与监管、贷款的催收与缴纳、奖助学金的评估与发放等。部分国家的资助制度经过多次改革已日趋规范化，法律法规、政策制定和程序设计已得到不断完善，资助管理不断呈现法治化、规范化、标准化趋势。

二、国内外大学生资助模式的主要区别

1. 有偿资助和无偿资助的比重不同

通过比较分析国外的资助制度，不难发现，国外以有偿资助为主，无偿资助的比重相对较小。而国内的情况是，以无偿资助为主，以有偿资助为补充的资助模式。在国外，对获得奖学金的资格都附加了较多条件。比如，参加社会实践活动、以工带读、提供志愿服务等参考条件。除此之外，国外还普遍调整了各项资助项目的比重，突出了贷学金的重要地位。通过助学贷款和勤工助学的有偿化逐步取代国家奖助学金的无偿性，如日本的无息贷款奖学金、美国的学生贷款，贷学金都占了较大比重。无论是附加条件的奖助学金评选还是提高贷学金的比重，都是为了向有偿资助倾斜。而在国内，大学生资助模式仍然以无偿资助为主，以有偿资助为辅，从实施效果上看，这样的资助模式在一定程度上与资助育人的目标相违背。一些贫困学生在享受国家资助的同时精神堕落、不上进，无法从根本上改变贫困局面；而有偿资助可以激发学生的积极性。我国需调整无偿资助与有偿资助的比例，在经济帮扶的同时更加注重育人教育功能。

2. 奖优功能和助困功能的价值取向不同

在国外，无论是奖学金、助学金还是国家贷款，都有非常严格的评选条件，而且非常关注学生的学业水平、综合素质水平等因素，因此在资助功能上较侧重于"奖优"。但在我国，除了国家奖学金、校级奖学金对成绩有所要求外，助学贷款、助学金等资助项目只要证明家庭贫困就可以获得，因此国内资助体系的设置更注重"助困"的功能。在国外，学生获得的资助基本可以满足学生的日常生活和消费需求。而国内资助政策虽然侧重助困的功能，但是由于资助项目设置不甚合理，资源分配不恰当，不能顾及不同学生的差异化需求，没有形成多层次的需求体系，基本不能满足学生日常生活的经济需求。国外对资助的把关审查比较严格，而国内认定贫困往往仅靠一些证明材料，证明材料的真实性又往往受各式各样的人情关系的影响，再加上审查机关普遍存在不作为的问题，容易造成资助政策实施不够精准，导致家庭富裕的学生也获得资助，这就造成了国家资源的浪费。从总体上看，我国的学生资助政策的主要作用是"助困"，"奖优"的成分较少，这也是我国的

大学生资助政策激励作用不如其他一些国家明显的原因。

第四节 国外资助政策的重要借鉴意义

美国、日本等发达国家的教育事业发展较快，其资助政策已基本自成体系，因此我们可以借鉴国外的相关经验，结合我国的现实情况完善我国的资助体系。

一、重视"差异化"的资助制度设计

不可否认，我国现行的资助制度基本还是采用传统的"一刀切"模式，很少考虑学生的差异化需求。由于各个高校所处区域的经济发展程度不同，学生来自五湖四海，每个学生的需求层次都有所不同，"一刀切"的资助模式不仅会造成资源浪费，还会造成资助工作形式化、片面化。许多学者都曾提出多层次的需求模式试图消除这种弊端。差别对待的资助方式，指的是资助数量、资助结构等方面的差别。对于那些勉强能支付学费的学生，向他们提供助学贷款，就可帮助他们克服面临的经济困难；对于那些完全无力负担学费的学生，单一的资助方式就完全不够了，还需要为他们提供助学金、贷款、勤工助学和特困补助等多种资助方式。"差别对待资助"增强了资助的针对性，提高了资金的利用率，使有限的资助资金能帮助更多真正需要资助的学生，真正做到"按需资助"，提高资金使用效率。在财力不足、助学基金有限，而需求又日益增加的情况下，"差别对待"发挥了它的独特优势。不难发现，国外一些发达国家普遍注重学生的差异化发展，采取有偿的方式激励学生努力学习。因此我国应当借鉴国外相关经验，实行"差异化""需求化"资助，提高资助的效率，真正实现精准资助。

二、实行"资助包"的资助形式

"资助包"的形式在给予贫困生选择权的同时，也满足了贫困生的多样化需求，进而避免了重复资助，可以提高资金的利用效率。我国高校现行的贫困生资助体系中资助项目虽然繁多，但是缺乏整合与协调，因此重复申报的现象激增。有的学生享受好几项资助，有的贫困生却不能获得任何资助，这样就影响了高校贫困生资助政策实施的公平和效率。为了改变重复资助的现象，可以借鉴美国的"资助包"计划运行模式。首先，把高校现有的资助内容按照有偿与否、资助力度等标准进行分类打包，在充分调查掌握每个学生真实的家庭经济状况后，按照其对资助的需要程度，向其提供压缩整合后的"资助包"。这一"资助包"运行模式，可以很好地解决资助工作中资助资源过分集中的不公平现象，极大地提高高校贫困生资助工作的公平性。

三、建立健全贫困程度认定的信息共享大数据平台

在今天这个大数据时代，大数据的作用不仅在于整合贫困生信息，还在于更便捷地分析、处理信息，实现数据的增值服务，为精准资助提供技术支撑。美国是将大数据技术用于资助工作较早的国家，依据美国经验，我国可以在贫困程度的认定上，建立健全信息共享的大数据平台，主要包括以下方面：其一，建立贫困学生信息数据库，整合教育、税务、公安等部门的信息资源，实现数据资源共享，从数据来源上为精准识别提供保障；其二，构建定性与定量相结合的家庭经济困难学生指标体系认定标准，通过权衡各指标的权重，赋予相关的数值，运用数学建模的公式计算出贫困程度，从数据挖掘识别为精准识别提供技术支持；其三，搭建社会层面整合家庭经济困难学生联系的"云空间"，通过帮扶者和帮扶对象的平等互动深挖帮扶对象的真实信息，推动帮扶者完善认定方式，从数据开放识别为精准识别提供动态检验。

四、加大思想教育力度和完善资助后续保障机制

在贫困生的后续保障机制方面，我国没有给予其应有的重视。与一些西方国家相比，社会主义国家应当更加重视对学生思想道德教育和社会主义核心价值观的指引。而目前，对贫困学生社会主义核心价值观的教育相对缺乏，如何处理贫困工作与思想教育的关系是现阶段必须考虑的问题。对贫困生进行经济上的资助只能解决暂时的困难，而要根本上阻断贫困隔代相传还需要进行社会主义核心价值观的教育，从思想上解决精神贫困问题。对于特别困难学生，更要重视精神层面的帮扶与关注，加强其心理承受能力与应对挫折的毅力。关于资助制度的设置，各国大同小异。虽然不同国家资助制度的设定条件与具体程序不甚一致，但在资助政策体系上普遍采用奖学金、助学金与助学贷款相结合的多元混合模式。各国资助体系的资助目的大体相同，奖学金奖优，助学金助贫，最终目的都是实现教育机会公平和投资效率优化。因此，为了从根本上解决贫困资助中存在的种种问题，需要加大思想教育力度和完善后续的保障机制。

五、制定学生资助的法律法规

截至目前，我国在学生资助方面尚未有专门的法律。一切资助工作主要是在教育部等部门政策精神、原则、规范的指引下，各高校制定具体细则贯彻实施。虽然这些文件也进行了较为细致的规定，但是仍然难以保障各项资助内容的精准落实。而美国等发达国家很早就专门制定了法律，保障了各项资助政策的执行力。我国可以借鉴美国的立法经验，在

《中华人民共和国高等教育法》和《中华人民共和国商业银行法》等相关法律法规的基础上，本着公平、有效、系统化和可持续的原则加快学生资助领域的立法，保障更多家庭经济困难学生接受高等教育。在具体操作上，可以修改现行法律的有关条款实现资助政策领域的立法，也可以专门制定一部《中华人民共和国资助法》。从国外的成功经验来看，《中华人民共和国资助法》的基本内容应当包括以下几方面：第一，经济困难学生的标准；第二，认定程序与认定指标体系；第三，相关人员不作为与滥用职权的处罚措施；第四，经济困难学生后续的监管体系；第五，资金的使用、监督和公开。《中华人民共和国资助法》的出台可以保障公民的受教育权和维护社会公平，推动学生资助工作的法律化、规范化，为我国高校精准资助提供法律保障。

六、转变学生资助理念

"有偿"资助的目的不是增加学生的负担和心理压力，而是对贫困生的一种激励与促进，担负着实现"阻断贫困隔代相传"的重要使命。美国有完善的税收系统和健全的法律体系，日本基本上实行的是有偿的资助模式，我国仍然以无偿资助方式为主。如前文所述，无偿的资助方式容易引发诸多弊端，如贫困生容易滋生"等、靠、要"思想、容易争夺无偿资源等。为了消除这一现象，我们可以适当将"无偿"资助逐渐向"有偿"资助转变。首先，可以把无偿资助资金分为两部分，一部分按照传统程序直接发放，另一部分则可以运用一些激励措施附条件发放，在学业成绩、科研项目、社会实践活动等方面设立一定标准作为资助条件。这样做的主要目的是激发贫困学生努力学习，提高其综合素质，促进全面发展。除此之外，我国还可以直接借鉴日本的"正常收费加助学贷款"的资助模式，把资助方式全部改为有偿资助，以此来消除因为争夺无偿资助资源而造成的诸多不和谐局面，提高高校贫困生资助的公平性。相比较无偿资助，有偿资助更能激发贫困学生的积极性，促进国家资源的有效利用，进而从根本上消除贫困的隔代相传。

综合前文对国外资助制度的比较分析，我国资助制度还需要做进一步的完善。第一，在指标体系构建方面，可以借鉴美国的税收缴纳情况、家庭基本经济情况及其教育支出的承受能力，精准确定家庭人均收入，结合当地的经济发展水平实行差异化资助。此外，还可以考虑学生在校基本消费情况、学费金额、学习成绩、综合表现等实际情况，构建一套完整的指标体系。第二，在资金分配方面，可以借鉴美国以"有偿资助"为主的资助模式。我国现行资助模式以奖学金、助学金等无偿资助为主的现状，引发了一系列的问题和矛盾，如虚假贫困、隐性贫困、资源浪费等。为了解决这些问题，可以选择变革现行的以无偿资助为主体的资助体系为有偿资助为主体的资助体系。在助学金的发放方式上，可以将助学金分为两类，一类作为每个学生都可以得到的资助，另一类可以通过学生的科研项目、学业成绩等按比例分配。这样既可以解决问题，对贫困学生来讲也可以形成一种激励与鞭策。第三，在后续监督管理方面，法律先行是解决问题的关键。我国目前没有出台资助领域的专门法律，资助工作的主要依据仅为教育部下发的有关文件，学生资助事业关乎千秋国运，没有专门的法律规范，难以保障各项资助内容具体精准地落实。因此，我国可以借鉴相关立法经验，保障后续监管的有效实施。第四，在认定方式方面，完善贫困程度认定机制，建立健全信息共享平台，利用大数据思维为家庭经济困难学生的精准识别提供支撑。大数据思维不仅仅在于掌握庞大的数据信息，它更注重对有意义的数据进行专业化处理，通过"加工"实现数据的"增值"。第五，在政策制定和完善方面，可以构建涵盖政府、家庭、学校和学生的覆盖面广的大数据家庭经济困难学生认定新模式，构建定性与定量相结合的指标体系。"他山之石，可以攻玉"。我国资助政策虽然逐渐趋于完善，但是其实施效果与政策初衷仍有较大的差距，需要及时汲取经验，努力改进。

在大数据背景下，我们亟须建立一套具有可操作性的机制。首先，要着眼于指标体系的构建。指标体系是识别贫困生的基本标准，可以借鉴美国的有关指标设置予以确定，包括家庭情况、生活情况、地区发展水平、学生综合素质等，综合评判贫困生情况，减少无偿供给，增强资助政策的鼓励性、激励性。其次，根据指标体系构建数学模型。数学模型依据层次分析法，定性定量分析学生基本情况，具有灵活性和可操作性。再次，根据数学建模分析，照顾学生的差异化需求，避免"一刀切"造成的资源分配不均衡。最后，设立实时动态的监测系统、退出机制与应急机制，保证突发情况的动态掌握。

第三章　我国奖助学金制度

国家奖助学金制度是高校学生资助政策体系中的重要组成部分。国家奖学金是向优秀学生颁发的奖金，用以表彰和鼓励先进，为优秀学生完成学业提供经济保障，其颁发的首要标准是自身学习优异程度，而国家助学金是向家庭经济困难学生发放的救助金，用于减轻学生的经济压力，帮助困难学生不因家庭经济原因而辍学，其发放的首要标准是家庭经济困难程度。政府作为学生资助政策体系中的出资主体，实施的国家奖助学金评选制度，随着教育收费制度改革的不断深入，其运行机制、评选标准等诸多方面发生了显著变化。在现行的高校学生资助政策体系下，贯彻落实国家奖助学金制度，是政府和高校面临的一项重要课题。本章所阐述的国家奖助学金仅指国家奖学金、国家励志奖学金以及国家助学金。地方政府设立的各类奖助学金将在第六章进行论述。

第一节　我国奖助学金制度发展变革

国家奖助学金制度是在中华人民共和国成立初期人民助学金制度基础上提出并经过几次重大变革而形成的，现已成为我国高职院校学生资助政策体系中的重要组成部分，对激发高校大学生积极进取、奋发学习，解决家庭经济困难学生上学难问题起到了十分重要的作用。

近 70 年来，资助政策从最初的人民助学金制度发展到现行的国家奖助学金制度，资助力度不断加大，资助工作不断创新，有力地促进了新时期大学生全面发展、健康成长。根据国家对奖助学金制度的调整，我国国家奖助学金制度发展变革可分为以下六个阶段。

一、第一阶段：从 1952 年开始执行人民助学金制度至 1982 年

1952 年 7 月，在三年国民经济恢复时期即将结束，国家经济状况稍有好转的情况下，为改进青年学生的健康状况，逐步统一学生待遇的标准，中央人民政府政务院颁布，周恩

来总理签署的《关于调整全国高等学校及中等学校人民助学金的通知》，开始执行人民助学金制度，主要用于贫困生生活费资助问题。其后，高等教育部和教育部分别于1955年、1957年、1964年三次对人民助学金资助比例、资助标准进行了重大调整或变革，全国高校非师范类大学生享受人民助学金资助的比例由70%提高到75%，其他高校大学生享受人民助学金的比例接近80%，资助标准按学校所在地区的类别而将助学金分成相应的层次。

"文革"结束后，1977年12月，教育部、财政部印发了《关于普通高等学校、中等专业学校和技工学校实行人民助学金制度的办法》，规定高等师范、体育和民族学院学生，一律享受人民助学金，享受比例按100%计算，其他高等院校的学生，其助学金的享受比例按75%计算。1979年，国家对考入高校的国家职工的助学金进行了调整，基本恢复了"文革"前的人民助学金制度。

二、第二阶段：自1983年开始设立人民奖学金制度至1986年

1983年7月，教育部、财政部对原有人民助学金制度进行改革，联合颁发了《普通高校本、专科学生人民奖学金试行办法》，规定人民助学金分为职工人民助学金和一般人民助学金。连续工龄满5年以上的国家职工被录取为普通学校本、专科生后，全部享受职工学生人民助学金。煤炭、矿业、地质、石油院校学生按80%比例享受一般人民助学金，其他各类院校学生按60%比例享受一般人民助学金。在缩小人民助学金发放范围的同时，开始设立人民奖学金制度。这一变革意味着我国高职院校学生资助政策的内涵发生了重大改变，从对大部分学生提供经济资助转变为对少部分学生提供经济资助并对学习成绩优良的学生进行奖励和引导学生选择国家急需的专业。这种制度持续到1986年7月，国务院批准将普通高等学校人民助学金制度改为奖学金制度和学生贷款制度。

三、第三阶段：从1987年实行奖学金制度至2002年

为贯彻落实《中共中央关于教育体制改革的决定》，1986年7月，国务院批转了原国家教委和财政部《关于改革现行普通高校人民助学金制度的报告》，取消了人民助学金制度，在全国85所高校中实行奖学金制度的改革试点，并将奖学金分为优秀奖学金、专业奖学金和定向奖学金三种。1987年7月，原国家教委、财政部重新印发了《普通高校本、专科学生实行奖学金制度的办法》，决定自1987年起对入学的本科普通高等院校新生全面实行奖学金制度（奖学金和学生贷款合称奖"贷基金"），其来源是从主管部门按原助学金标准计算总额的80%～85%核发到高等院校"奖贷基金账户"上，专门用于各项奖贷经费使用。其实施的奖学金标准、等级和评定比例主要概括为以下三点。

（1）优秀学生奖学金，主要用于鼓励德、智、体、美、劳全面发展，品学兼优的学生。其标准、等级和评定比例：一等奖学金，每人每年350元，按本、专科学生人数的5%

评定；二等奖学金，每人每年 250 元，按本、专科学生人数的 10% 评定；三等奖学金，每人每年 150 元，按本、专科学生人数的 10% 评定。学校可在经费总额内，适当降低一、二等奖学金的比例和标准，增加三等奖学金的比例和增设单项奖。但获得一、二、三等奖学金和单项奖的人数比例应控制在本、专科学生人数的 35% 以内。其中，获得单项奖的应控制在本、专科学生人数的 5% 以内。

（2）专业奖学金，主要用于师范、农林、民族、体育、航海专业的学生。其标准、等级和评定比例：一等专业奖学金，每人每年 400 元，按学生人数的 5% 评定；二等专业奖学金，每人每年 350 元，按学生人数的 10% 评定；三等专业奖学金占学生人数的 85%，一律按原助学金的标准发给。学校可在总额内适当降低一、二等专业奖学金的比例增设单项奖。但获得一、二等奖学金和单项奖的人数比例应严格控制在本、专科学生人数的 20% 以内。其中，获得单项奖的控制在本、专科学生人数的 5% 以内。

（3）定向奖学金，主要用于毕业后立志到边疆地区、经济贫困地区和自愿从事煤炭、矿业、石油、地质、水利等艰苦行业的学生。定向奖学金的标准：一等奖学金每人每年 500 元；二等奖学金每人每年 450 元；三等奖学金每人每年 400 元。其款额每年一次性拨付给学校。凡领取定向奖学金的学生，一律不再享受优秀学生奖学金或专业奖学金。

其后，为鼓励学生报考师范、农林、民族、体育、航海等专业，原国家教委、财政部于 1994 年下发通知就高校专业奖学金进行了调整，规定民族专业奖学金提高到每生每年 700 元、其他类专业奖学金提高到每生每年 500 元。

奖学金制度是在原人民助学金制度基础上提出的，目的是解决人民助学金制度在推行过程中出现的问题。评选奖学金最重要的标准是学生学习成绩，所指向的仅是奖优，并不是扶贫帮困，不论家庭背景如何、经济状况怎样，只要成绩达到要求，皆能够获得。相对于贫困生而言，由于学习基础差等问题，在获得奖学金资助时往往呈现出劣势，这种劣势在那些来自教育条件落后地区的学生身上表现得更为明显。因此从真正意义上，这些奖学金并不能算是帮困助学体系的组成部分，不应该纳入高校学生资助政策体系。但这期间实施的奖学金制度，作为国家奖学金政策实施的基础，在我国高等教育历史上曾发挥过重要的作用，解决了许多大学生的后顾之忧，在某种程度上促进了高等教育的进一步发展，也值得我们进行深入研究探索。

四、第四阶段：从 2002 年首次设立国家奖学金制度至 2005 年

2002 年，财政部、教育部出台《国家奖学金管理办法》，加大了对品学兼优的高校贫困学生的资助力度，在普通高校首次设立国家奖学金。中央财政每年安排 2 亿元设立国家奖学金，定额发放给 4.5 万名家庭经济困难、品学兼优的高校本、专科学生，其中 1 万名特别优秀的学生享受一等奖学金，标准每人每年 6000 元；3.5 万名学生享受二等奖学金，标准每人每年 4000 元，同时还减免这些学生当年的全部学费。这是新中国成立以来第一

次冠以"国家"名称的奖学金，受到家庭经济困难学生和家长的普遍欢迎。

五、第五阶段：从 2005 年设立国家助学奖学金制度至 2007 年

为进一步做好资助高校贫困家庭学生工作，2005 年，财政部、教育部联合发布《国家助学奖学金管理办法》，将国家奖学金改名为国家助学奖学金，包括国家奖学金和国家助学金两种形式，中央财政每年出资 10 亿元。其中，国家奖学金每年资助奖励 5 万名家庭经济困难、品学兼优的高校学生，每人每年 4000 元；国家助学金每年资助 53.3 万名家庭经济特别困难的高校学生，每人每年 1500 元。这不仅为更多的家庭经济困难学生解除了后顾之忧，而且激励了广大学生刻苦学习、努力成才。

六、第六阶段：从 2007 年完善国家奖助学金制度至今

为切实解决家庭经济困难学生的就学问题，2007 年国家进一步完善奖助学金制度，分别印发了普通高校国家奖学金、国家励志奖学金、国家助学金管理暂行办法，就国家助学奖学金进行改革：一是设立国家奖学金和国家励志奖学金。国家奖学金奖励高校中特别优秀的本、专科学生，不再以家庭经济困难为必要条件。这一奖项是国家在高校本、专科阶段设立的最高荣誉奖，每年奖励 5 万人，每生每年 8000 元。国家励志奖学金主要奖励资助品学兼优的家庭经济困难学生，每年奖励资助学生约 51 万人，每生每年 5000 元，人数占在校生总数的 3%。二是提高国家助学金资助标准与资助比例，2007 年最初平均每生每年 2000 元，具体标准分为 2 ~ 3 档，可在每生每年 1000 ~ 3000 元范围内确定。按照《国家中长期教育改革和发展规划纲要（2010 ~ 2020 年）》精神及财政部、教育部要求，自 2010 年秋季学期起，平均每生每年从 2000 元提高到 3000 元，资助学生占在校生总数的 20%。于 2012 年 9 月 1 日起，财政部、教育部两部委联合下发研究生国家奖学金管理暂行办法，决定设立研究生国家奖学金，每年奖励 1 万名在读博士研究生、3.5 万名在读硕士研究生，其中博士研究生每生每年 3 万元、硕士研究生每生每年 2 万元。

至此，在党中央、国务院的高度重视和关心下，经过 60 余年的探索和努力，迄今建立起了较为完善的国家奖助学金制度，在学生资助工作中发挥了积极作用，起到了资助学生和奖励学生奋发向上的双重作用，成为高校学生资助政策体系中对学生实施的一种最快、最根本的激励机制。

第二节　我国奖助学金实施的基本要素和主要特征

2002 年起，我国正式实行国家奖学金制度，充分体现了中央政府对广大群众，特别是家庭经济困难学生的关怀。2005 年，财政部、教育部联合制定下发国家助学奖学金管理办法，在形式上明确分为国家奖学金和国家助学金两部分。2007 年，为激励家庭经济困难学生勤奋学习，国家决定制定实施国家励志奖学金制度。随着高校奖学金设置体系的不断发展和完善，国家奖助学金制度逐步成为我国政府办好让人民满意教育的重要措施。

一、国家奖助学金评选工作基本要素

（一）实施"三坚持"原则

1. 坚持"三公"原则

在国家奖学金、国家励志奖学金、国家助学金评选中，坚持公开、公平、公正的原则，实行等额评审，择优评定。

2. 坚持"不得同时享有"原则

同一学年内，获得国家奖学金的家庭经济困难学生可以同时申请并获得国家助学金，但不能同时获得国家励志奖学金；申请国家励志奖学金的学生可以同时申请并获得国家助学金，但不能同时获得国家奖学金。其中，试行免费教育的教育部直属师范院校师范类专业学生不再同时获得国家励志奖学金。

3. 坚持"两个倾斜"原则

在分配国家奖学金、国家励志奖学金名额时，对办学水平较高的高校、以农林水地矿油核等国家需要的特殊学科专业为主的高校予以适当倾斜；在国家助学金发放过程中，对贫困地区、设置有艰苦行业的院校以及民族院校予以适当倾斜。

（二）评审目的鲜明

为贯彻落实科学发展观，积极构建社会主义和谐社会，促进教育公平和社会公正，根据《国务院关于建立健全普通本科高校、高等职业学校和中等职业学校家庭经济困难学生资助政策体系的意见》（国发〔2007〕13 号），先后实施国家奖学助学金制度是实施科教兴国和人才强国战略，推进基本公共服务均等化的必然要求。其中，国家奖学金是激励学生勤奋学习、努力进取，在德、智、体、美等方面得到全面发展，国家励志奖学金用于奖励勤奋学习、努力进取的家庭经济困难学生，而国家助学金是为了帮助家庭经济困难的学生顺利完成学业，主要用于其生活费开支，奖学助学金制度充分发挥了在高校教育管理中的激励、导向和助学三大功能。

（三）评选条件导向性强

主要体现在学生德、智、体、美以及家庭经济状况等方面，易于学生申请、学校评定。

（四）出资主体明晰

国家奖学金（含研究生）由中央政府出资设立。国家励志奖学金、国家助学金由中央和地方政府共同出资设立，按比例分担。其中，西部地区，不分生源，中央与地方分担比例为 8：2。中部地区，生源为西部地区的，中央与地方分担比例为 8：2。生源为其他地区的，中央与地方分担比例为 6：4。东部地区，生源为西部地区和中部地区的，中央与地方分担比例分别为 8：2 和 6：4。生源为东部地区的，中央与地方分担比例根据财力及生源状况等因素分省确定。人口较少的民族家庭经济困难学生资助资金全部由中央负担。同时，国家鼓励各地加大家庭经济困难学生资助力度，超出中央核定总额部分的国家助学金所需资金由中央财政给予适当补助。

（五）评选对象针对性强

国家奖学金用于奖励普通本科高校和高职职业学校全日制本专科在校生中特别优秀的二年级以上（含二年级）学生，国家励志奖学金用于奖励资助普通本科高校和高职职业学校全日制本专科在校生中品学兼优的二年级以上（含二年级）的家庭经济困难学生，而国家助学金用于资助普通本科高校、高等职业学校全日制本专科在校生中家庭经济困难学生以及中等职业学校所有全日制在校农村学生及城市家庭经济困难学生（本书不含中职学校资助制度）。所有的国家奖助学金皆为一年评审一次，其中国家奖学金颁发国家统一印制的荣誉证书，同时规定国家奖学金及国家励志奖学金获奖记录记入学生学籍档案。

（六）评选名额及奖励标准明确

国家奖学金每年奖励 5 万名本、专科学生，每年每生 8000 元；国家励志奖学金名额由财政部门确定，其资助面平均约占全国高校在校生的 3%，资助标准为每生每年 5000 元；国家助学金名额由同级财政部门确定，其资助面平均约占全国普通本科高校和高等职业学校在校生总数的 20%，资助标准自 2010 年秋季学期起，由原来的每年每生平均 2000 元调整到每年每生平均 3000 元。而对于研究生国家奖学金，每年奖励 4.5 万名研究生（含 1 万名在读博士研究生、3.5 万名在读硕士研究生），其中博士研究生每生每年 3 万元、硕士研究生每生每年 2 万元。除国家助学金按月发放到受助学生外，其他奖学金一律一次性发放给获奖学生。

二、国家奖助学金制度实施的主要特征

我国是发展中国家，其实施的社会救助体系代表了经济发展水平的模式，而实施的国家奖助学金制度作为社会救助体系的一部分，由于级别最高、奖励资助幅度最大、影响最广泛，逐步形成了以国家奖助学金为基本形式的政府投入为主、高校专项救助为辅助、社会互助为补偿的高校学生资助体系。

（一）政策法规逐步健全完善

2002 年至今，国家坚持政策法规先行的原则，陆续制定出台了一系列政府规范性制度办法，包括国家奖学金（含研究生国家奖学金）、国家励志奖学金、国家助学金三大类别，基本涵盖了评选标准、申请条件、名额分配、预算下达、申请与评审以及资金发放、管理与监督等 10 多个方面，各地各高校也都结合实际出台相对应的文件，从组织实施、评审程序、评选公示以及系统开发、信息录入报送等都实现了规范化、制度化、信息化。从上向下，不断健全完善的规章、制度，构成了较为完整的制度框架和政策体系，使国家奖助学金评审工作有章可循、规范化运作。

（二）组织执行扎实推进

强有力的组织领导是国家奖助学金制度有效运转的保障。国家高度重视国家奖助学金评审工作的组织实施。为进一步做好奖助学金等各类经济困难学生资助工作，2006 年中央机构编制委员会办公室将"全国学生贷款管理中心"更名为"全国学生资助管理中心"，负责国家奖助学金评审与发放等各项工作。教育部、财政部成立由有关领导组成的国家级评审领导小组，全面领导评审工作，并聘用具有代表性、权威性的领导、专家和学者组成国家奖学金评审委员会；同时，根据评审工作需要，下设若干个评审工作组，具体实施评审工作。各省级（自治区、直辖市）参照国家级组织机构建设情况，也纷纷成立以省级领导为主要负责人的省级国家奖学金评审领导小组等组织机构，每年定期召开由教育部门、财政部门参加的推进会、研讨会，及时协调处理评选工作中的问题。各校认真落实上级精神，全部建立了以校学生资助管理中心为纽带，以相关部门、机构为辅助，以基层院系学生工作为基础的国家奖助学金评审工作体系。每年评审期间，各级推行"热线举报"制度，做到"一口上下"，保证了国家奖助学金评审工作的公平、公正。

（三）主体承担职责清晰明了

政府是高校学生资助体系实施的主体责任承担者，公共财政是奖励资助资金来源的主渠道，高校与社会则起辅助和补充作用。中央通过整合教育部、财政部等不同政府部门建立的学生资助管理组织机构（全国学生资助管理中心及下属各单位），制定相应目标工作

责任制（职责），初步形成了教育、财政、民政、慈善等资助参与部门各司其职、协作实施国家奖助学金制度的联动工作机制。其鲜明特点就是政府总揽、教育牵头、财政等部门明确职责，协调配合，运作高效。

（四）评审发放标准科学合理

奖励资助标准是高校学生资助体系中的核心问题，是由政府根据学生学费缴纳以及在校基本生活费用等开支，不断进行动态调整而合理确定的。在多年的发展完善中，坚持做到国家奖助学金奖励资助标准和我国经济社会发展水平相一致，与各地人民群众基本生活水平相一致，并综合国家综合财力等各种因素，确定了相对科学合理的评审发放标准。同时，奖励资助标准随国家财力的增长、物价上涨而适时调整，如本专科学生国家奖学金、国家助学金每年生均标准原来分别为 4000 元、1500 元，而 2007 年、2012 年先后对国家奖学金、国家助学金奖励资助标准进行调整后，国家奖学金、国家助学金每年生均分别为 8000 元、3000 元，奖励资助标准涨幅分别高达 100%。

第三节　我国奖助学金制度实施中存在的主要问题

自国家奖助学金制度实施以来，不少专家、学者对其评选工作存在的困境进行了研究。尤其是高校一线辅导员，作为国家奖助学金评选工作的具体贯彻者、落实者，更是将国家奖助学金评选工作作为年度工作中的重点与难点，对评选过程中常见的问题进行了较多的分析与探讨。笔者结合多年工作实践，主要从以下三大方面进行阐述。

一、国家奖助学金制度设置上存在的主要问题

（一）国家奖助学金投资体制单体化

我国实施的国家奖助学金投资体制是单一的国家财政投资模式，即国家奖学金、国家励志奖学金、国家助学金出资主体都是各级政府，是单一的国家财政强力支持下的扶贫济困政策，是建立在国家经济持续快速发展、各级政府如期足额拨付配套资金款项以及现行评选政策保持连续与稳定的前提下的国家财政投资模式。这样单体化的投资体制，如果其中一方发生变化，则国家奖助学金评选都将出现"无米下锅"的尴尬局面，从而导致国家奖助学金评选制度因资金断链而瓦解。

（二）国家奖助学金评选标准还不够细化

在财政部、教育部制定实施的国家奖助学金评选条件中，主要涉及学生德、智、体、

美以及家庭经济状况等方面。但在具体实际评选工作中，由于评选标准还不够细化，对国家奖学金候选人的学习成绩、综合素质（大部分高校为综合测评）两项中更侧重哪一项，对国家励志奖学金候选人的家庭经济困难等级与学习成绩优异情况两方面中如何权重以及在推荐同一贫困等级，但来自不同地区的国家助学金资助对象如何取舍的问题时，都存在类似定性与定量的难题。

（三）国家奖助学金评选方式较单一

现行的国家奖助学金制度主要包含国家奖学金、国家励志奖学金、国家助学金三种评选方式，实施目的是激励在校学生勤奋学习、努力进取，在德、智、体、美等方面得到全面发展，其评选条件主要含学习成绩、综合素质两大方面，但在评选工作中，往往从学习排名、校内表现等进行考察。由于评选方式单一，大大限制了学生创新意识和创造能力的培养，并易陷入"重知识，轻能力"的怪圈，不能激励学生在学科竞赛、科学研究、发明创造、自主创业、社团活动、自主学习、科技文体竞赛等其他方面的发展，无法促使学生在自身喜欢或擅长的领域尽情施展才能，不利于为社会培养技术应用型、适合现代化社会需要的复合型人才。

二、国家奖助学金制度实施过程中存在的主要问题

（一）家庭经济困难学生认定工作准确度不高

国家励志奖学金和国家助学金资助主体是家庭经济困难学生。因此，国家奖助学金评选的基础和前提是家庭经济贫困认定，认定的科学与否直接影响评定结果的真实性。然而，贫困认定普遍存在证明把关不严、贫困等级划分不清、信息完善滞后等问题。同时，同一高校的学生来自全国不同地区，各来源地生活水平参差不齐，贫困划分标准不一，使家庭经济贫困级别认定标尺难以衡量，直接影响国家励志奖学金、国家助学金评选的科学性和资助的及时性、有效性。

（二）国家奖助学金名额校内分配尚欠公平

按照高校的基本做法，国家奖助学金名额一般先由上级教育主管部门一次性分配到各高校后，由学校根据各院系学生人数比例再次分配到各院系。这将出现学生人数较少的院系分不到名额或分到特少的名额，极易打击学生的积极性；一些重点、热点专业因人数有限而分配名额较少，但该专业优秀学生更多，造成竞争激励，使得一些符合评选条件、综合素质比其他专业所评选对象更优秀的学生落选。通过不同院系评选出的学生之间横向比较，实际上确实存在较多综合素质相对较弱的学生因所在院系学生整体水平不高而被评选的现象。这不但不利于树立学习标兵形象，更无法体现学生享有评选机会均等的公平性。

（三）国家奖助学金评选过程中存在太多的主观臆断性

按照评选程序，国家奖助学金具体评审由学校各院系学生主管部门组织实施，根据学校学生主管部门通知要求，对学生提出的申请材料进行形式审查后拟上报名单并公示，公示结束后由学校学生主管部门负责汇总、审查以及形式上的公示后上报至上一级教育主管部门。因此在国家奖助学金评选过程中，学校院系学生工作主管部门发挥着关键作用，其审查和意见是后续部门进行审查评选的直接依据，加之后续部门一般仅对上报材料进行形式审查，只要上报材料符合规定的形式要求，一般都会得到批准，极易导致院系级学生主管部门评审过程工作的形式化。同时，院系一线辅导员作为评审工作的具体实施者，由于繁忙的工作以及较为"繁杂"的评审程序，很难对评审推荐工作投入更多的精力，继而在评选工作中，往往采取"筛选—陈述—评议"后，由辅导员或班主任及学生干部、个别学生代表组成的班级评议小组对进入评议圈内的对象凭主观臆断确定推荐对象。因此，由于受辅导员、学生干部等主观因素的影响，与优秀学生相比，那些与辅导员、班主任关系较好的学生干部、平时印象较好的学生更容易获得评选推荐资格。

（四）国家奖助学金评审报送材料不够严谨

高校各院系报送的国家奖助学金申请审批材料，是后续各级教育主管部门审批的重要参考依据，其报送方式从最初单纯的纸质稿逐步完善成通过办公自动化系统与书面形式两种互补上报模式，大大提高了工作效率，但由于学生申请资料填写不认真、院系经办人员初审信息审查不严以及即便使用办公自动化报送但不具有自动检测功能、全国系统不统一等诸多因素，致使评选材料从最初报送至最终审批，频频出现问题，如申请审批表中的学生姓名、学号、身份证号与学校汇总表不一致；学生学习成绩、综合测评排名情况未在评选范围比例内；申请及推荐理由字数太少，无法全面反映学生德、智、体、美情况；同一班级学生人数不一；学生申请时间、院系推荐时间、学校审批时间出现倒挂；相关栏目签章和正式行文时间颠来倒去；申请年度与入学年限不符合逻辑；未严格执行校内五个工作日公示要求等，导致院系、学校及上级主管部门之间来回修正。由于报送材料不严谨，直接影响了国家奖助学金评选进展。

（五）国家奖助学金政策宣传力度缺乏

高校作为国家奖助学金政策贯彻者，在思想上高度重视国家奖助学金政策的宣传。然而，在实际评选过程中，由于种种原因，却始终未能将国家奖助学金政策的评选实质真正及时迅速地宣传到学生群体中，造成很多学生对国家奖助学金制度不清楚，对奖励资助范围的认识存在肤浅或偏差现象，致使即使符合条件的学生也错过申请机会。同时，高校一线学生工作管理者大部分精力都忙于事务性的工作，也易忽视评选后续工作的宣传和跟进，无法让国家奖助学金作用得以真正发挥。

三、国家奖助学金发放过程中存在的主要问题

（一）国家奖助学金发放及使用监督力度不够

国家奖助学金资金发放是国家奖助学金评选工作中的一个重要环节。为此，国家明确规定要切实加强国家奖助学金资金管理，确保及时发放、专款专用。但由于种种原因，部分高校，特别是非部属高校（主要是地级市属学校），由于上级政府财政部门应当分担的资金到位不按时致使延缓国家奖助学金发放时间，继而出现高年级学生毕业离校后仍无法拿到资金现象。在发放过程中，由于缺少资金发放监督管理，频繁出现班级全体同学平均分配、一人申请多人均分、院系直接截留充当活动经费或班费、勒令学生"自愿"捐款等现象以及部分受奖励资助者拿到资金后急于购买名牌手机、名牌服饰等奢侈品，严重背离国家奖助学金政策的初衷。更有甚者，个别学校出现弄虚作假套取资金、挤占挪用资金等重大违法违规行为，在社会上引起较坏影响。

（二）国家奖助学金激励作用发挥不明显

在现行的国家奖助学金制度下，受奖励资助者不需要承担任何义务。在学习方面、综合素质方面只要达到要求即可申请，特别是国家助学金只要能够提供家庭经济困难证明基本就可获得资助。这对每位大学生来说都是一种潜在的诱惑，促使众多非贫困生使尽浑身解数，想方设法弄到符合要求的贫困生证明，争当"贫困生"，养成"等、要、靠"的习惯，甚至产生对国家政策的依赖。同时，在评定国家奖学金、国家励志奖学金、国家助学金各方面，对品学兼优的学生和品质行为不端甚至存在违纪行为的学生并无太大区别，这样做不但不利于优秀学生的进步，更不利于带动整个学校学风校风的发展，很大程度上失去了国家奖助学金的激励作用，违背了国家设立奖助学金的初衷。

第四节　完善我国奖助学金制度的对策建议

国家奖助学金制度事关广大学生的切身利益，在鼓励学生积极进取及帮助经济困难学生方面起到了重要作用。结合当前国家奖助学金制度实施过程中的不足之处，为使这一惠及数以千万大学生的政策取得实效，仍需进一步细化评选标准、完善评审制度等，积极构建更加科学合理的国家奖助学金评选机制。

一、加快构建我国高等教育多元化投资体制步伐

（一）依法加大国家对高等教育的投入

国家奖助学金出资主体是政府，资金来源于国家对教育的投入。而教育投入不足一直是制约我国教育事业发展的"软肋"。2010 年发布的《国家中长期教育改革和发展规划纲要（2010—2020 年）》明确要求，逐年提高国家财政性教育经费支出占国内生产总值的比例，并据 2013 年全国教育工作会议证实，2012 年全年财政性教育经费支出达 2 万亿元左右，占国内生产总值的比重首次达到 4%，不过距离最初提出的日程推迟了整整 12 年。虽然达到了世界衡量教育水平的基础线，但仍低于 4.9% 的世界平均水平，更低于 5.1% 的发达国家水平，因此国家应以 4% 为新起点，继续加大教育经费投入，并保持持续增长，保障国家奖助学金等各项教育经费的支付。

（二）加快捐赠立法等高等教育多元筹资渠道步伐

我国高等教育经费相当一部分需要自行筹措，向社会筹款早已成为高校面对的新课题。在全国 2500 余所（2015 年教育部数据统计）普通高等学校中，近 200 所高校先后成立教育基金会或类似机构，但除清华大学、北京大学、浙江大学等少数几个高校外，都由于资金有限尚未形成广泛的社会影响，更难以成为支撑我国高等教育发展的重要经费来源。与国内相比，国外对高等教育的募捐，特别是高等教育基金会已有上百年的历史，且形成了较为完善的法律法规，公益捐赠者不仅在舆论上得到颂扬，而且还能享受相应的减免税政策。如在美国、日本等国家，全社会作为教育的受益者，社会捐赠之风一直贯穿并伴随着高等教育的发展过程，社会捐赠已经成为高等教育成本分担的主要渠道。美国政府通过制定法律等激励措施，规定无论是公司还是个人，对教育或其他社会福利事业的捐赠款可以免税，并提高遗产税率，以鼓励并引导高收入和高资产的富豪捐赠部分财产以支持教育等方面的事业。据"捐赠美国"统计，2010 年美国全社会慈善捐赠总额约为 2910 亿美元，占 GDP 的比重为 2%，其中 14% 的比例（400 余亿美元）用在捐助教育发展上。2012 年哈佛大学捐赠基金累计总额已达 369 亿美元，来自社会捐赠基金的收入占学校总经费的35%。日本公立高校的社会捐赠约占学校总收入的 15%，而私立学校高达 50% 以上。在美国、日本、英国等国，对教育事业的赞助、捐赠早已形成一种传统，长期沿袭下来。同样，在我国经济平稳高速发展、物质基础不断雄厚、慈善资源更加丰富的背景下，应大力弘扬中华民族传统美德，积极推动我国慈善事业持续、健康、快速发展。2008 年汶川地震以及 2009 年南方洪涝灾害更是激发了举国上下的慈善热情，对于弘扬全社会慈善理念产生了深远影响。我国政府及各级政府部门应向社会发出政府支持慈善、支持企事业单位（或个人）与高校组织开展慈善活动的强烈信号，依托各级慈善机构，号召企事业团体或个人在高校设立基金，举办各类奖助学金评选活动。并通过采取立法等激励措施，对贡献

特别大的企业团体或个人，由所属税务部门对其实施税收优惠政策，对慈善做出贡献的先进典型进行表彰，从而在全社会弘扬慈善观念的同时，增强、提高企事业团体或个人对慈善事业的热情与积极参与性。通过政府促动、企业驱动、慈善部门活动的组织以及榜样的带动，积极推动我国高等教育投资多元化体制的构建，逐步提高社会筹资在高等教育资金中的比重，借此解决国家奖助学金等各类教育投资单体化问题。

二、实施规范统一的国家奖助学金评审系统

针对国家奖助学金评审工作量大、信息多、申请程序严密等现状，并基于国家教育主管部门对部属高校以及部分省级（地级）教育主管部门对所下属高校已经创建实施的国家奖助学金评审办公（在线）系统，在全国范围内创建实施规范统一的国家奖助学金评审系统，从院系国家奖助学金名额分配、学生申请、学校审查，到上级教育主管部门组织专家进行网评、审批，直至国家教育主管部门最终批复以及相关信息的统计、汇总、对比等数据分析，均可通过网上实现。同时，结合评选条件，系统可对推荐对象的姓名、学号、身份证号码与高考录取信息进行准确验证，对学习成绩、综合素质排名不达标以及申请、推荐理由字数太少，学生申请时间、院系推荐时间、学校审批时间存在倒挂；申请年度与入学年限不符合逻辑等错误现象（问题）进行自动修改提示，并做出不接受处理，待修改正确后自动上报。通过创建规范统一的国家奖助学金评审信息平台，不仅可以改变工作量大、任务重等局面，提高全国各级教育主管部门以及下属高校国家奖助学金评审工作整体效率，也将进一步缓解各级教育部门、各高校专职人员配备不足等压力。

三、完善贫困生认定体系，制定困难学生精准认定量化标准

如何科学、合理、精准地认定困难学生，一直是高校学生资助工作的重点与难点，学生家庭经济困难程度的认定，直接决定着国家励志奖学金、国家助学金的分配与发放。为此，要解决在家庭经济困难学生认定过程中所存在的问题，就一定要建立科学合理的精准认定制度，"要从制度层面入手，因地制宜，建立符合校情的认定经济困难学生的多环节、多因素的支撑体制，这些环节和因素包括个人申请、诚信承诺、界定标准、贫困证明、动态建档、班级评议、公示审批、跟踪调查、违规惩戒等"。只有从制度入手，才能保证家庭经济困难学生认定的准确性、精准度。结合目前贫困生认定工作现状，从贫困生定性认定的基础上，进一步规范贫困生认定制度，健全完善贫困生精准认定体系，即根据全国不同省份、不同地市最低生活保障标准、各高校学生生活消费平均指数（学生在校每月平均基本生活消费费用）以及学生家庭可支配的人均收入等，制定动态的困难学生精准认定量化标准，从而可对来自全国不同地区的学生进行家庭经济困难程度准确衡量。通过"定性与定量"相结合的原则，提高贫困生认定方式的规范性和公平性，让国家奖助学金资源得

到更科学、更合理的分配。有关贫困生精准量化认定体系，将在第七章专门进行论述。

四、创建多元化的国家奖助学金评定制度

为激励学生在德、智、体、美等方面全面发展，实施多元化的国家奖助学金评定制度，对文体、科研等方面成绩优异的学生进行奖励，以体现奖励的均等性和公平性。像英国现今最著名的全国性学生奖学金"英国皇家学会奖学金""英国皇家工程科学奖学金"以及美国的全国性高校学生奖学金"罗伯特·伯德荣誉奖学金""全国科学奖学金"和"保尔·道格拉斯教师奖学金"等，主要是为国家造就各类优异的人才。为适应我国建设发展需要，可由政府设立主题鲜明的各类全国性奖学金，如对在社会主义精神文明建设中表现突出、在全国产生较大影响的，设立"精神文明国家奖学金"；对在国际性或全国性组织的科研、学术研究以及课外创新发明等活动中取得优异成绩的，设立"研究与创新国家奖学金"；对参加体育竞赛为国家争得荣誉的，设立"体育特别贡献国家奖学金"，等等。可由高校进行初审推荐，最终由国家组织专门评审委员会统一进行评选表彰，其评定名额可为普通国家奖学金名额的 0.1% ~ 1%，奖励标准可为普通国家奖学金标准的 2 ~ 6 倍，具体实施根据全国在校大学生申请情况进行认定。通过建立多元化的国家奖助学金制度，设立多元化的国家奖学金，使在校大学生都能找到适合自己的发展空间，并激励其在自己爱好和擅长的领域尽情施展才能，对其他学生发挥鲜明的旗帜作用以及较强的感召力，也使国家奖学金激励机制达到效率最大化。

五、健全国家奖助学金评选制度

（一）建立国家奖助学金补助标准自然增长机制

我国作为世界上最具发展潜力的经济大国之一，随着经济稳步高速增长，不断加大国家奖助学金评选力度。自 2010 年秋季学期起，国家助学金资助标准由 2000 元上调到 3000 元，时任教育部部长的袁贵仁表示，国家奖助学金将会随政府财力状况动态调整。在制定实施的《教育部 2013 年工作要点》中首次明确提出"进一步完善学生资助政策，建立国家奖助学金补助标准动态调整机制"。结合《国家中长期教育改革和发展规划纲要（2010—2020 年）》《国家中长期人才发展规划纲要（2010—2020 年）》，根据我国高职院校在校学生规模以及目前高校班级实际规模、国家奖助学金评选比例与标准，在建立国家奖助学金补助标准动态调整机制过程中，适当提高国家奖学金、国家励志奖学金评选比例以及奖励标准，如将国家奖学金评选比例扩大至 1%，奖励标准提高至每年 1.2 万 ~ 1.6 万元，从而满足学习成绩、综合素质兼优的优秀学生。而国家助学金的评选可根据家庭困难学生实际比例以及高校所在地最低生活保障标准或当地平均生活水平，确定其资助比例及补助标准，并将家庭经济不真正贫困且并不特别需要帮扶的学生拒之门外。同时，根据

国家经济发展水平和财力状况，以每3～5年为一周期进行自然调整。通过建立国家奖助学金补助标准自然增长机制，推动国家奖助学金评选工作有效开展。

（二）实施国家奖助学金评审量化办法

为体现学生的德、智、体、美等全面发展，对学习成绩、综合素质（综合测评）、社会实践、创新能力等各因素进行量化，并根据国家奖学金、国家励志奖学金、国家助学金评审条件，调整各自所占的比重，如国家奖学金要充分考虑学生的学习成绩及较强的综合素质，国家励志奖学金要综合权衡学生的学习成绩及生活的客观情况，而国家助学金要重点考虑学生的家庭经济困难程度。根据学生在校学习、生活实情，笔者在调查的基础上，利用因素比重法，设计了学生的学习成绩、综合测评、综合素质等多项指标体系。国家励志奖学金评审指标量化情况，将根据学生家庭经济困难认定等级量化情况以及学习成绩、综合测评等相关指标量化情况进行评定，而国家助学金申请推荐指标量化情况，将根据学生家庭经济困难认定量化标准进行确定。

（三）优化国家奖助学金评选机制

进一步规范国家奖助学金评审制度。一是明确评审范围，针对评审对象之间的可比性，以同年级、同专业、同学历为评选范围进行申请推荐，避免由于评选范围不统一，将同等条件下更优秀的学生"拒之门外"。二是细化评选条件，对于国家奖助学金申请条件过于笼统、不具有现实的可操作性等，对学习成绩、综合测评等考核指标进行细化，如申请国家奖助学金学习成绩、综合测评量化标准为8%～12%，申请国家励志奖学金学习成绩、综合测评量化标准为40%～50%，且无不及格、违纪现象等；申请国家助学金者无奢侈、高消费、家庭困难认定无作假行为等。三是限制评审次数，提高奖励资助覆盖面，如对学制四年的本科学生，国家奖学金、国家励志奖学金评审次数不得超过两次，国家助学金申请次数不得超过三次；而对三年的专科学生，国家奖学金、国家励志奖学金评审次数仅限于一次，国家助学金申请次数不得超过两次，当然，对家庭经济特别困难的孤儿、自身患有重大疾病等少数群体要根据实际情况区别对待。四是实施校内差额推荐评审办法，实行差额匿名评审，对国家奖学金、国家励志奖学金由院系按照学校分配名额120%～200%的比例进行推荐，后经学校根据被推荐对象的积分进行排名公布，并按照量化等综合情况择优评审，让学生全程参与评审过程，做到评审工作阳光、透明。通过不同院系学生之间横向比较，切实让综合素质更高的优秀学生入选，进一步体现国家奖助学金评选工作的公平性、合理性。五是规范公示程序和公示时间，须在校内公开宣传（公示）栏、学校网站分别公示，并在学校网站首页下发评选公示通知，以便提高公示过程的实效性。对于公示时间，应在合理时间内进行，而不得将周末等非工作日时间计算在公示期内。同时公示时须告知申请人的权利与申请人利益有关的信息等。六是规范发放时间和发放方式，按照法律规定，国家奖学金应一次性发给学生，国家助学金按月发放，而相当一部分高校却对此进行了"变通",没有按照规定时间进行发放,针对现状,应统一规定资金下达学校到账后一定时间内(一周内或十天内)须下发到学生手中,并创建实施独立的高校资助保障卡制度,做到"一人一卡,专人专用",方便资金核查的同时,也将避免资金截扣或挪用等违规行为。对于实施高校资助保障卡制度,将在以后章节中专门论述。通过优化国家奖助学金评选机制,增强国家奖助学金评审工作的可操作性,避免学校、学生对评审过程和结果的异议与争执,促进和谐校园的建设。

六、加大国家奖助学金评选监督惩罚力度

(一)健全校内监督举报制度

健全公开透明的监督机制,充分发挥学生的主体作用,培养学生的维权意识,进一步拓展举报渠道,通过实施校内学生申诉制度,设置专门电子邮箱、服务电话专线等,广泛听取学生的举报诉求,注重保障举报人的人身安全,让国家奖助学金评选工作真正做到公平、公正、公开。通过不断完善监督举报制度,防止错评或漏评,避免奖助学金乱用滥用的同时,也更好地保障了国家奖助学金真正地惠及需要奖励资助的优秀学生。

(二)加大对高校国家奖助学金评选工作的审计与奖惩力度

上级教育、财政、审计主管部门,应加大对所属高校国家奖助学金评选工作的检查与监督,定期对学校是否按条件组织学生进行评审、是否按程序进行推荐以及资金是否及时抵达学校、是否按时全额发放到学生手中等进行专项审计,特别是对拨款发放日期、金额等进行严格审核,并与次年下达的国家奖助学金计划挂钩。对违规评选发放、截留挪用国家奖助学金等高校一律实施"一票否决"制度,除收回违规发放资金、降低次年国家奖助学金下达计划外,取消当年上级主管部门组织开展的先进单位或先进个人评选推优资格。特别对于近年来个别地方学校出现弄虚作假套取资金、挤占挪用资金等重大违法违规行为,应取消三年的国家奖助学金评优推荐资格,对负有责任的单位主要领导或相关责任人,交上级纪检部门按法律法规进行处理。

国家奖助学金制度,是一项政府指令性政策,其目的主要是激励大学生勤奋学习,在德、智、体、美等方面得到全面发展和提高,同时使家庭经济困难学生的学费和生活费得到很大程度的解决。针对目前实施的国家奖助学金评选工作中,仍然存在的宣传工作不到位、育人功能不突出等问题,更需要加大宣传力度,增强育人效果。

第四章　我国高职院校学生助学贷款制度

第一节　我国高职院校国家助学贷款发展历程

我国高职院校国家助学贷款工作始于 1987 年，由起初的额度小且受益面窄，到目前成为大多数家庭经济困难学生完成学业的主要途径。根据政策变化以及进展情况，共经历了五个阶段：萌芽阶段（1987—1997 年）、拓展阶段（1997—1998 年）、试点阶段（1999—2004 年 6 月）、调整阶段（2004 年 6 月—2007 年 8 月）和深化阶段（2007 年 8 月至今）。随着我国高等教育体制和财政金融体制改革，国家助学贷款制度在调整中不断得到完善并逐渐走向成熟。

一、第一阶段：萌芽阶段（1987—1997 年）

我国向大学生发放助学贷款工作始于 1987 年，以 1986 年 7 月由原国家教育委员会和财政部联合颁布，以 1987 年 9 月正式实行的《普通高等学校本、专科学生实行贷款制度的办法》为标志，按照"有借必有还"的原则，是由国家负责向学生提供、学校负责发放和催还等管理工作的无息贷款，申请范围不包含师范、农林、民族、体育、航海等专业的学生；申请额度每人每年最高不得超过 300 元，按月发放；贷款人数严格控制在本、专科学生人数的 30% 以内；本金偿还可在毕业前一次或分次还清，也可毕业后由其所在的工作单位将全部贷款一次垫还，或者毕业生见习期满后，在 2～5 年内由所在单位从其工资中逐月扣还。据此，部分地方政府结合当地实际，也出台了地域性的助学贷款办法。1993 年、1995 年原国家教委分别两次对助学贷款实施方案进行了部分调整。那时助学贷款额度小且受益面很窄，难以解决资助广大在校贫困生顺利完成学业的难题，只是高校对经济困难学生资助的一项补充措施。

二、第二阶段：拓展阶段（1997—1998 年）

开始于 1997 年，由上海浦东发展银行首先开办的一般助学贷款，又称商业性贷款，它是以上海地区普通高校在读的中国籍学生及异地在读的上海户籍学生为对象，分为学费贷款和生活费贷款。特殊困难学生不能按时偿还贷款的，可以办理展期，但展期年限不能超过毕业后两年，特别优秀的学生可申请贴息，贴息比例为 20% ~ 50%。此后中国农业银行开办的"金钥匙"助学贷款、建设银行开办的"圆梦"助学贷款以及中国银行开办的出国留学贷款等都是商业性的助学贷款。它由于有抵押和担保、回收有保证，开办银行积极性较高，但是大部分学生家庭，特别是广大农村的贫困生家庭由于缺少可以担保或抵押的财产，使申贷学生很难获得这种助学贷款。

三、第三阶段：试点阶段（1999—2004 年 6 月）

作为资助体系主体部分的国家助学贷款始于 1999 年。1999 年 6 月，为推动助学贷款工作的顺利开展，国务院办公厅批转了中国人民银行、教育部、财政部等部门拟订的《关于国家助学贷款的管理规定（试行）》，从 1999 年 9 月起指定中国工商银行独家在北京、上海、天津、重庆、武汉、沈阳、西安、南京 8 个城市开办国家助学贷款业务，进行正式试点，并相继下发了多个指导性文件，规定面向在校的全日制高等学校中经济确实困难的本、专科学生，还贷期限为毕业后 4 年内还清；教育部门设立"助学贷款专户资金"进行财政贴息，其中财政贴息、学生承担利息各占 50%；助学贷款金额由经办银行确定，其中用于学费的金额最高不得超过学校学费收取标准、用于生活费的金额最高不得超过学校所在地区的基本生活费标准。2000 年 2 月和 8 月，国家对助学贷款政策进行了两次调整，将贷款范围扩大到全国高校，承办银行扩大到中国工商银行、中国农业银行、中国银行、中国建设银行 4 家国有独资商业银行，贷款对象扩大到研究生和攻读双学位的全日制学生，2000 年 9 月在全国全面推开，将国家助学贷款变为无担保贷款，中国人民银行同时要求有条件的地方要开展一般商业性助学贷款。

为进一步推进国家助学贷款工作，2001 年 6 月，国家召开全国国家助学贷款工作会议，决定取消"一校一行"的规定和免征金融机构开展国家助学贷款业务利息收入营业税。同时，中国人民银行、教育部和财政部出台了"四定"（定学校、定范围、定额度、定银行）和"三考核"（按月考核经办银行申请国家助学贷款的人数和金额、考核已审批的贷款人数和贷款合同金额、考核实际发放贷款人数和贷款金额）。2002 年 2 月，教育部、财政部等部门又联合下发了《关于切实推进国家助学贷款工作有关问题的通知》，进一步明确了推进国家助学贷款工作的有关具体措施，但由于多种原因，尚未从建立机制的层面提出和解决国家助学贷款问题。同时，由于政府没有建立合理的风险补偿机制，商业银行很难承担国家助学贷款的重大任务和难以预料的风险，使助学贷款实施情况一直不很理想，出现了下滑现象，面临停顿的危险。据央行统计，截至 2004 年 6 月底，全国金融机构助学贷款总额仅为 52 亿元，远远低于我国高职院校贫困生的贷款需求。

四、第四阶段：调整阶段（2004 年 6 月—2007 年 8 月）

2004 年 6 月，教育部、财政部、人民银行、银监会四部门联合下发了《关于进一步完善国家助学贷款工作的若干意见》，对助学贷款政策进行了一系列重大调整，将招标选择贷款经办银行，而不限于国有商业银行；学生在校期间贷款利息全部由财政补贴，毕业后开始计付利息，并由学生本人全部承担支付；贷款期限由原来的毕业后 4 年还清改为视学生毕业后就业情况，在 1 ~ 2 年后开始还贷、延长至 6 年内还清；助学贷款总额根据学校符合学生在校总人数的 20% 比例、每人每年 6000 元标准确定；加大学生还款监管力度，对违约学生名单实施曝光。其中核心且最具有实质意义的是按照"风险分担"的原则，建立国家助学贷款风险补偿机制，设立风险补偿专项资金，并让财政和高校各承担 50%，进一步理顺了国家、高校、学生、银行之间的经济关系，健全国家助学贷款管理体制，改革贷款审批和发放办法，强化普通高校和银行的管理职责，确保了助学贷款工作持续、健康发展。其中，中国银行作为全国 116 所中央部门所属高校国家助学贷款独家中标银行迅速与全国学生贷款管理中心及教育部分别签署了国家助学贷款业务合作协议和配合国家助学贷款工作的全面合作协议，推动国家助学贷款工作的全面展开。各省（区、市）级政府也按照国家助学贷款有关政策和要求，通过招标，组织地方高校开展办理助学贷款业务。截至 2007 年 6 月底，全国金融机构助学贷款总额达 192.9 亿元。但是，我国家庭经济困难学生助学贷款体系还不够完善，助学贷款相关机制还没有把存在的主要问题解决好。把 15% 的风险补偿金直接拨付给银行，并没有发挥出它应有的作用。对商业银行来说，相对于 15% 的风险补偿金而言，高校学生的助学贷款可能产生的违约率要高得多，何况助学贷款工作成本高、工作量大。所以，一些商业银行由于怕风险、怕麻烦，而不愿意承担国家助学贷款业务，致使新的国家助学贷款政策出台后，一些地方商业银行态度冷淡，个别商业银行虽然态度比较积极，但具体工作比较困难。全国国家助学贷款工作进展仍然相对比较缓慢，尤其是省市普通本科高校、高等职业学校和中等职业学校家庭经济困难学生获得助学贷款的面偏窄、手续比较繁杂的问题比较突出。

五、第五阶段：深化阶段（2007 年 8 月至今）

2007 年 5 月，国务院下发《关于建立健全普通本科高校高等职业学校和中等职业学校家庭经济困难学生资助政策体系的意见》（国发〔2007〕13 号），对进一步完善和落实国家助学贷款政策做出了全面的部署和规定，这一措施促使助学贷款工作具有更广泛的发展空间。时隔 3 个月后，即 2007 年 8 月，财政部、教育部、国家开发银行联合下发通知，决定自 2007 年秋季开学起，在江苏、湖北、重庆、陕西和甘肃 5 省市开展由国家开发银行向符合条件的家庭经济困难的学生发放、在学生入学前户籍所在地办理的生源地信用助学贷款试点工作，明确规定：贷款按年度申请、审批和发放，每人每年贷款额度最高 6000 元；贷款期限按全日制本专科学制加 10 年确定，最长不超过 14 年，学生在校及毕业后两年期间为宽限期，宽限期后再按年度分期偿还贷款本金；贷款利息按年计收，在校期间利息由财政全部贴息，毕业后利息由学生和家长共同承担，其中的风险补偿金比例仍按当年贷款发生额的 15% 确定，但由全国和各省级学生资助管理部门归集后，定期足额划拨至各具体贷款经办银行，并实施专户管理，作为用于防范和弥补贷款损失的专项风险拨备。同时，中国人民银行也下发通知，明确指出大力开展与国家助学贷款享有同等优惠政策的生源地信用助学贷款，是解决家庭经济困难学生就学问题的重要途径，并要求各银行业金融机构要加大政策宣传，加强诚信教育，积极营造有利于助学贷款业务可持续发展的舆论环境和社会信用体系。经过一年试点，取得了良好效果。

2008 年 7 月，时任中共中央政治局委员、国务委员刘延东同志专门做出重要批示："生源地助学贷款工作是一项惠民工程，对于推进教育公平具有重要意义。请在总结经验的基础上继续推进、全面落实。"同年 9 月，财政部、教育部、银监会下发关于大力开展生源地信用助学贷款的通知，决定自 2008 年起进一步扩大生源地信用助学贷款覆盖范围，大力推进生源地信用助学贷款工作，承办机构继续以国家开发银行为主，同时鼓励其他银行类金融机构开展该项业务。随后，各省（区、市）按照自愿原则，陆续开始开展办理生源地信用助学贷款业务，实行生源地信用助学贷款的省份由 2009 年 5 月的 20 个，扩大到 2013 年的 30 个行政区，其中 11 个省市开办生源地信用助学贷款业务、19 个省市同时开办生源地信用助学贷款与校园地国家助学贷款两种业务，另有 6 个省市仅开办校园地国家助学贷款业务，从而实现了国家助学贷款业务覆盖了除港、澳、台外的全国 36 个省、自治区、直辖市和计划单列市。另据统计，自 1999 年实施国家助学贷款至 2015 年年底，全国普通高校国家助学贷款累计资助学生 1609.28 万人次，累计发放金额 1418.93 亿元，仅 2015 年，全国高校实际发放学生 332.57 万人，发放金额高达 219.86 亿元，其中生源地信用助学贷款发放人数 299.45 万人、发放金额 198.23 亿元，生源地信用助学贷款业务资助学生人数及金额占当年贷款总人数、贷款总金额的比例均在 90% 以上。

为进一步完善助学贷款体制机制，推进生源地信用助学贷款工作，2012 年 7 月，教育部、国家开发银行联合下发关于加强生源地信用助学贷款管理工作的通知，从加强贷款学生资格认定、加强贷款办理组织以及贷后管理工作进行了规范，促进了生源地信用助学贷款工作的持续健康发展，同时，又分别于 2014 年、2016 年对国家助学贷款资助标准及期限进行调整，将生源地信用助学贷款等国家助学贷款最高资助标准由原来的每人每年 6000 元，调整为本专科学生、研究生每人每年最高资助标准分别为 8000 元、12000 元；将贷款期限由原来的按学制加 10 年确定，偿还本息宽限期、最长期限分别为 2 年、14 年，调整为按学制加 13 年确定，偿还本息宽限期、最长期限分别为 3 年、20 年。

　　实践证明，生源地信用助学贷款作为国家助学贷款的重要组成部分，是利用财政、金融手段，创新金融服务体系，解决高校家庭经济困难学生学费和住宿费的主要途径，对进一步完善我国家庭经济困难学生资助政策体系、充分发挥政策整体效应、确保实现国家资助政策既定目标等具有十分重要的意义。随着还贷约束机制和风险防范机制不断健全，国家助学贷款将在促进更广泛的费用分摊、减轻高等教育面临的财务压力、扩大新的高等教育机会和减少经济困难学生家庭负担等方面真正起到重要作用。

第二节　我国高职院校国家助学贷款模式及特点

　　根据资助方式的再分类，从资助途径上，国家助学贷款属于直接资助；从资助用途上，国家助学贷款属于学费性资助；从资助目的上，国家助学贷款属于帮扶型资助；从贫困生获得资助性质上，国家助学贷款属于"延迟付费型资助"；从资金来源上，国家助学贷款又属于金融机构性资助。而按照学生申办地点及工作流程，国家助学贷款分为校园地助学贷款与生源地助学贷款两种模式。结合当前我国普通高校实施的国家助学贷款政策覆盖面，根据贷款资金来源以及承贷主体，笔者将目前已实施的国家助学贷款分为政府助学贷款、银行助学贷款和学校助学贷款三种模式。

一、政府助学贷款模式

　　政府助学贷款模式主要是教育行政部门设立并主管的助学贷款。广东省高教厅设立的贷学金，是于 1994 年开始在广东商学院等 4 所普通高校试点，于 1996 年在全省实施的，以广东省行政区域内普通高等学校在学的计划内的本、专科学生为对象的政府贷款。高教厅下设广东省高等教育奖贷学金管理委员会为贷学金的最高管理机构，各高校及各市教育行政部门为分支管理机构。高教厅按学年将贷款按各校申请的总额划拨到校，或按各校贷款回收情况为"补差"形式拨款到位，学生在学校按月领取，其最高限额每生每年不超过 2000 元。毕业时一次偿还的减免 10% 并免付利息；不能一次偿还的，可申请延缓偿还，但不能超过两年。毕业后两年内偿还的加收利息，毕业两年后仍不能偿还的加倍付息。到指定单位或地区就业的可免还贷款。由于教育行政部门财力不足，难以划拨足够的专项资金设立助学贷款，使这种形式的助学贷款无法在较大范围内开展。

二、银行助学贷款模式

银行助学贷款作为目前助学贷款工作中的主要模式，其中有校园地助学贷款、生源地助学贷款、商业助学贷款、助学贷款"河南模式"四种形式。

（一）校园地助学贷款

校园地助学贷款是以国有独资商业银行为主，在高校集中办理，并通过学校向银行提出贷款申请，且无须担保的国家助学贷款，由中国工商银行、中国农业银行、中国银行、中国建设银行四大商业银行作为中国人民银行批准的国家助学贷款经办行，负责办理贷款的审核、发放和回收等项工作，先于 1999 年在北京等八大城市进行试点后，于 2000 年扩展到全国高校。其贷款性质仍属于商业性贷款，纳入正常的银行贷款业务管理。最初国家助学贷款的贷款范围限于本科生的学费及生活费，还款期限一般不超过 8 年，即学生须在毕业后 4 年内还清贷款本息，国家财政贴息 50%，部属院校由中央财政贴息，地方院校由地方财政贴息，坏账由学校偿还 60%，学生贷款管理中心偿还 40%，后来贷款对象扩大到研究生。申请总金额的上限为每生每年 6000 元，申请人数的比例不能超过学生总人数的20%，毕业后如继续攻读学位，财政部门继续按在校学生实施贴息，如终止学业，开始就业，则与承贷银行确认还款计划。在高校集中办理校园地助学贷款模式下，高校与其开户银行自主协商办理助学贷款业务，银校合作关系较为紧密。国家助学贷款制度的实施，是国家利用金融手段支持高等教育体制深化改革，促进我国教育事业发展的重要举措。但由于贷款风险较大、小额贷款成本相比较高、贷款学生的信息真实度无法确认等缺点，银行一直不很积极。试行 5 年后，即截至 2004 年 6 月底，全国金融机构办理的包含校园地助学贷款在内的各类国家助学贷款总额仅为 52 亿元，远远低于我国高职院校贫困生的贷款资助需求。时隔 10 年后，即 2013 年在全国 36 个省、自治区、直辖市和计划单列市行政区中，虽然校园地助学贷款业务扩大到 25 个省市（其中天津、广东等 6 个省市仅开办校园地助学贷款业务，北京、河北等 19 个省市同时开办校园地助学贷款与生源地助学贷款业务），但开办校园地助学贷款高校个数仅有 979 所（其中中央部属院校 122 所、地方院校 857 所，不含独立学院），占全国高校总数的 37.34%，且开办校园地助学贷款的高校以公办学校为主，共计 866 所，占全国开办校园地助学贷款高校的 88.45%；就历年发放贷款人数及额度上也相对较少，在 2015 年全国高校发放国家助学贷款 332.57 万人、发放金额 219.86 亿元中，除生源地助学贷款外，校园地助学贷款等其他国家助学贷款发放人数及金额分别为 33.12 万人、21.63 亿元，占当年国家助学贷款发放总人数及总金额的比例仅为 9.96%、9.84%。实施至今，我国普通高校办理的校园地助学贷款主要为由中国银行负责发放贷款资金，并由银行和高校共同管理的"中行——公办高校"校园地助学贷款。

（二）生源地助学贷款

生源地助学贷款是符合贷款条件的贫困学生（全日制专、本科学生，研究生）在其入学前户口所在地的县级学生资助管理部门具体办理，由国家开发银行、农村信用社或其他金融机构负责提供贷款的一种信用助学贷款，是国家助学贷款的有机组成部分，完善了国家助学贷款资助体系，强化了贷款资金的使用和监督，弱化了银行的风险顾虑，具有风险性低、办理程序简单、批复率高、真实可信等优点，与原就学地助学贷款相比具有明显的优越性。

生源地助学贷款是建立健全家庭经济困难学生资助政策体系的重要举措，与国家助学贷款享有同等优惠政策。它的主要特点是在大学生户口所在地县级学生资助管理部门办理贷款手续；由大学生父母或金融机构认可的其他个人申请；由国家开发银行或学生户口所在地的农村信用社及其他商业银行提供贷款资金；贷款期限由最初的一般不超过 8 年，要求学生毕业后 4 年内还清贷款，调整为最长不超过 20 年，其中学生在校及毕业后 3 年期间为偿还本金宽限期；申请总金额的上限由最初的每生每年 6000 元，调整为本、专科生每人每年最高不超过 8000 元、研究生每人每年最高不超过 12000 元；贷款利率与校园地助学贷款利率一致，同样执行中国人民银行同期公布的同档次基准利率，且大学生就读期间的贷款利息 100% 由财政补贴，毕业后的利息由借款学生本人全额支付。自 2001 年 8 月，浙江省在全国率先推出生源地财政贴息助学贷款，其他省市陆续推出生源地助学贷款业务。据统计，截至 2007 年 3 月末，全国有 24 个省（市）开展了生源地助学贷款业务，其中有 13 个省市出台了生源地助学贷款管理办法；而到 2013 年，全国 36 个省市中，已有 30 个省市开办了生源地信用助学贷款业务。

生源地助学贷款是近年来探索出的比较符合金融属性，具有商业可持续发展的一个国家助学贷款品种。按照启动时间、承办银行以及办理程序的不同，生源地助学贷款又分为生源地国家助学贷款、生源地信用助学贷款和生源地信用助学贷款"宜宾模式"三种类型。往往在农村信用社办理的助学贷款称为生源地国家助学贷款，而由国家开发银行负责放贷的助学贷款称为生源地信用助学贷款，两者政策虽没有本质区别，但具体措施的制定几乎都根据各省级教育、财政、金融部门特点确定。以山东省省属高校为例，两者的区别主要有以下四点：第一，生源地国家助学贷款经办银行是农村信用社，而生源地信用助学贷款经办银行是国家开发银行；第二，生源地国家助学贷款是在学生到校后，由学校负责审查，学校开具证明后回所在地农村信用社办理贷款手续、自 2004 年年底开始实施，而生源地信用助学贷款是学生在到校前，由县级学生资助管理中心负责审查，学生通过审查后拿相关手续到当地金融机构办理贷款（先通过邮政储蓄银行代理承办，后改为由县级学生资助管理中心负责管理、采用"支付宝"方式办理），这一做法减轻了高校的负担，自 2008 年开始实施；第三，生源地国家助学贷款最长期限最初为 10 年，原则上按全日制本、专科学制加 6 年确定，最长不超过 10 年，而生源地信用助学贷款最长期限最初为 14 年，原则上按全日制本专科学制加 10 年确定，最长不超过 14 年，后期调整后最长贷款期限统一为 20 年；第四，生源地国家助学贷款风险补偿金比例占当年学校贷款发放的 10%，由省财政、学校各承担 50%，而生源地信用助学贷款风险补偿金比例要占当年学校贷款发放额的 15%，由省财政承担。其他省份地方高校开办生源地国家助学贷款、生源地信用助学贷款政策也是各有差异。而所谓的生源地信用助学贷款"宜宾模式"，是由四川省宜宾县为了方便广大学子和家长，减少往返县城的开支，减轻本已贫困的家庭负担，在政策许可的情况下，自 2010 年起自行创新生源地信用助学贷款办法，贷款申请下放到乡镇中心学校审核、县学生资助管理中心把关、乡镇信用社发放贷款，此举受到学生、家长及社会各界的高度评价。实施至今，全县每年贷款学生人数及金额均居全省前列。仅 2013 年，全县各乡镇中心学校审核生源地信用助学贷款申请 1226 份，县学生资助管理中心发放放款通知 1190 份，信用社实际发放贷款人数 1166 人，发放贷款金额 636.2 万元。生源地信用助学贷款已成为宜宾县贫困大学生完成学业的"绿色屏障"，让更多的贫困学生圆了大学梦。宜宾县助学贷款工作方式，在四川省乃至全国创造了生源地信用助学贷款的"宜宾模式"，真正为贫困大学生搭起了求学的桥梁。

自 2007 年国家大力推进生源地助学贷款工作以来，许多地区逐步实现了国家助学贷款工作由校园地向生源地的重心转移，生源地助学贷款已经成为全国高校国家助学贷款的主要途径。据全国学生资助管理中心统计，2015 年全国高校发放生源地信用助学贷款 299.45 万人，发放金额 198.23 亿元，分别占当年高校办理国家助学贷款学生总人数、贷款总金额的 90.04%、90.16%。然而，由于生源地助学贷款自身的特殊性（特别是农村信用社作为非银行类金融机构）和限制性（往往仅限于本省内就读学生申请贷款），缺少全国性的统筹规划与宏观管理，缺乏强制性的制约体系与机制，致使生源地助学贷款总体上仍存在比较混乱的状态。

（三）商业助学贷款

商业助学贷款是商业银行和城乡信用社等金融机构对正在接受非义务教育学习、年满 18 周岁具有完全民事行为能力的在校大学生、研究生发放的商业性贷款，只能用于学生的学杂费、生活费以及其他与学习有关的费用。它的主要特点是以法人或自然人为担保人，采用保证担保、抵押担保、质押担保等形式进行贷款申请；学校一般只负责证明借款学生的学生身份及其在校表现；贷款额度较大，一般在 2000 ~ 20000 元；贷款不享受财政贴息，在校期间和毕业后的贷款利息均由借款学生自己负担。全国部分商业银行从落实科教兴国战略的大局出发，积极采取各种形式发放商业助学贷款。2001 年上海市各商业银行在全国助学贷款发放中起了先锋队和主力军作用。2006 年，华安保险公司率先在云南省推出国家助学贷款信用保险（"学贷险"），投保人（银行）只要向保险公司交纳一定保费，就能获得保险公司相应贷款风险的保障。即在借款学生不能按期还贷时，由保险公司先向银行赔付损失，保险公司再向违约学生进行追偿。2007 年 7 月，天津银行和华安保险公司正式签署合作协议，对本市高校在读大学生首推新模式商业助学贷款，它的主要特点是不受国家发放比例限制；不受家庭经济条件限制，只要属于申请国家助学贷款未成功的学子都可以申请，只需提供一名担保人即可；借款学生最迟可在大学毕业后两年内的任意一个月份开始还款，最长还贷年限可长达 10 年。同时，申请该种贷款的学生不仅要归还银行的相关贷款，还要按时交纳保费。保险费可由学生每年交付给保险公司，也可作为贷款本金的一部分，由银行通过贷款方式提供，申请"就学贷款保证保险"的费率是 6.38%，以年贷款 6000 元为例，学生在 4 年中分四次共获得 24000 元贷款，其中年保费为 407.22 元。据悉，华安保险公司推出的国家助学贷款信用保险是目前我国保险市场上为助学贷款提供保险保障的唯一产品。在国家助学贷款体系中，引入商业保险机制，通过国家助学贷款信用保险降低了银行信贷风险，提高了银行发放助学贷款的积极性，从而确保了国家助学贷款政策的落实，能够形成政府、教育部门、学生、银行与保险公司多方共赢局面。同时，为了进一步规范商业助学贷款管理，防范商业助学贷款风险，加大教育事业发展支持力度，银监会于 2008 年 7 月制定实施《关于印发〈商业助学贷款管理办法〉的通知》，就贷款对象条件、贷款期限与利率、贷款担保与处理程序等进行了明确规定，有力推动了商业助学贷款业务有序发展，从而也扩大了助学贷款覆盖面，让民办、公办学校更多的家庭经济困难学生都能够在助学贷款的支持下完成学业。

（四）助学贷款"河南模式"

助学贷款"河南模式"是河南省教育厅与国家开发银行在国家现行的政策基础上，通过一系列的探索和创新，提出并合作开创的"责权利相统一、奖惩激励机制健全、违约约束机制功能强大"的有望实现多赢格局的国家助学贷款管理模式，即助学贷款由国家开发银行开办、高校负责管理。它的主要内容是"两个平台、一个代理行"管理架构，即以河南省教育贷款管理中心为国家开发银行的受托管理平台，统一管理全省助学贷款业务；各高校助学贷款管理中心作为国家开发银行的受托操作平台，全面管理学生的贷款受理、审核、汇总、合同签订、贷款本息回收、贷款信息管理等具体事宜；由代理行——中国农业银行负责办理学生存折、银行卡，发放助学贷款，结算利息，扣划贷款本息。同时，国家开发银行全面支持高校和学生的贷款需求，拥有贷款的最终审批权和对"两个平台、一个代理行"的业务指导、监督权。助学贷款"河南模式"的贷款风险补偿金比例为贷款发放额的 14%，其中财政和高校各承担 50%，专门用于贷款违约本息的补偿，补偿后剩余部分对高校进行奖励性返还，当风险补偿金不足以补偿相应的违约贷款本息时，超过部分由高校、开发银行和教贷中心按照 50%、40% 和 10% 的比例共同负担。自 2004 年年底，河南省与国家开发银行合作推出新的国家助学贷款项目后，仅在 2005 年，开行河南分行就向全省 83 所高校 12.3 万人次贫困生发放国家助学贷款 5.69 亿元，发放金额位居全国第一。截至 2010 年，全省按照"河南模式"累计发放助学贷款 32.7 亿元，资助贫困生 70 万人次，6 年贷款发放总金额和资助贫困生数量居全国各省市首位，覆盖了全省 109 所高校中的

108 所（另一所是部队院校办有地方班）。以 2010 年为例，河南全省高校国家助学贷款平均覆盖率为 8.3%，其中公办高校平均覆盖率为 9.4%；省属高校平均覆盖率为 11.2%。全省 6 年间资助总金额 53.1 亿元，其中国家助学贷款金额 32.7 亿元，占高校学生资助总金额的 61.6%，国家助学贷款成为高校贫困生资助体系中的主渠道。另对同期的 5 届毕业生的贷款回收进行了统计，其利息违约率平均在 4% 以下，远低于 14% 的风险补偿金。"河南模式"引起中央领导和教育部等有关部门的高度关注与充分肯定，2007 年教育部向全国推广这一模式，中央主要媒体也曾多次报道该模式。青海、山西、广东、湖南等省份到河南考察后，也陆续实行"河南模式"。

三、学校助学贷款模式

学校助学贷款一般是由学校自行设立并直接管理的贷学金，实质上就是高校利用国家财政资金对学生办理的无息借款。它的主要特点是由于是学校自行设立，贷款总额度小，受益面较窄；一般是无息贷款；贷款期限短；贷款金额上限一般不超过学费。部分高校如山东的聊城大学及山东理工大学、广东的中山大学、华南理工大学等都设立了学生贷学金，实施了学校助学贷款。以聊城大学为例，自 2004 年年初对学院划拨专项困难资助经费起，由学院自行从专项经费中划出一定的比例来设立贷学金基金，回收的贷学金滚入基金。学生申请贷学金最高限额每年每生不得超过 4000 元，毕业前一次偿清的可减免 10%，到指定单位就业或考取本校研究生的可进一步优惠减免，原则上要求毕业后一年内偿清，并免付利息。否则，学校将加收利息进行催交。据不完全统计，截至 2015 年年底，12 年期间全校发放学校贷学金 260 余万元，受资助学生达 1550 人次。就全国高校而言，相当一部分学校也尝试大范围实施校内无息助学贷款，但贷款本金经费无保障、受学校主要领导主观影响较大、办理贷款手续不规范、资金回收率不高等因素，致使学校助学贷款工作一直未取得较大进展，个别起始较好的学校到最后出现萎缩甚至停贷现象。

第三节　我国高职院校国家助学贷款制度实施要素及评价指标

国家助学贷款是党中央、国务院为实施科教兴国战略，加速人才培养，在社会主义市场经济条件下，利用金融手段，由商业银行或其他金融机构发放，用于支付高等学校在校学生学费或生活费等个人费用，以学生的未来收入为第一还款源的金融产品。

一、助学贷款制度实施主体

通过分析助学贷款实施过程，政府、银行、高校、学生为助学贷款制度中必不可少的四大实施主体。作为助学贷款投资的受益者，各个主体在教育投资中同样要负有各自的责任和义务。

（一）政府责任主体

国家助学贷款与商业性贷款的本质区别在于，商业性贷款是由金融机构（商业银行）用其信贷资金，在保证投入资金安全性和流动性的前提下，对企事业单位或个人所发放的自营性贷款，以获取利润为目的；而助学贷款是由政府主导，借助政府的行政能力及行为，使不同收入家庭的学生能平等地拥有接受高等教育的权利，促进人才知识结构的调整，使科教兴国战略真正落到实处。作为助学贷款的发起者和组织者，国家政府承担着政策化运作责任，通过充分利用自身资源优势，组织教育、财政等职能部门以及地方政府直接参与到助学贷款实施各过程，保护其他三大主体在助学贷款中的利益。从人力资本投资理论来看，政府作为助学贷款责任主体，有利于弥补和消除市场调节在人力资本投资中带来的缺陷，弥补居民家庭在人力资本投资中的不足，实现人力资本形成和积累中的机会均等，最终实现经济社会的和谐发展。

（二）银行——投资主体

我国助学贷款基本是由商业银行经办。从最初的工商银行独家承办，到四大国有独资商业银行办理，后又扩展到通过招投标方式确定的其他一些商业银行。贷款资金由银行自身提供，贷款本金均由各商业银行自筹，其性质仍属于商业性贷款，因此纳入正常的银行贷款业务管理，在银行账目上表现为资产项目。通过发放贷款帮助学生完成学业的同时，经办银行将获得一部分来源于国家财政贴息、一部分来源于借款人直接支付，相当于业务收入的贷款利息。助学贷款的长期性、利润小、成本大、风险大的信用贷款性质与商业银行的营利性、追求风险最小化、利润最大化的本质虽相矛盾，但从发展的历史必然性来看，助学贷款也是银行获取营业收入的投资，不但有利于自身拓展业务领域、改善信贷结构、提高经济效益，同时也具有培养优质客户、树立行业形象、推销金融品牌、扩大市场份额的战略意义。所以，作为助学贷款的投资主体——经办商业银行，不应过高估计助学贷款风险，不应过多设置供给障碍，而应顺应经济发展潮流，洞悉市场需要，积极而稳妥地开发助学贷款市场，以便在市场经济竞争中更好地立于不败之地。

（三）学校——实施主体

高等院校在国家助学贷款业务中，虽不承担责任，但由于助学贷款本身具有较强的"外部性"等特征，助学贷款的顺利实施能够优化高校的财务状况，确保正常的教学秩序和学生管理，因此，高校应积极参与到助学贷款实施中，主动承担助学贷款实施过程中的相关职责。根据我国国家助学贷款实施模式，其主要职责是对申请贷款学生进行资格初审，按期向上级所属政府资助管理部门报送申贷信息；根据上级核准的贷款额度，将初审学生申请报送贷款经办机构；协助经办机构组织做好贷款的发放和回收，以及将贷款实施情况、学生的变动情况等，及时提供至上级资助管理部门与经办机构。同时，由于信用缺失是助学贷款业务面临的最大难题，为了保证学生毕业后按时还款，提高贷款回收率，高校职责的之一就是加大学生诚信教育，提高大学生的诚信意识，让学生从思想上正确认识自己的权利和义务，确保助学贷款良性循环发展。

（四）学生援助主体

国家助学贷款实施目的就是利用金融手段使经济困难学生得以深造，帮助学生树立自立自强观念，鞭策学生勤奋学习、努力上进，为贫困家庭学子获得公平、公正的教育机会提供社会保障机制。其根本出发点就是消除或减轻经济困难对不利群体学生在入学、选择学校及专业方面的影响，让经济困难的学生能够继续入学。从人力资本投资回报来说，在当今知识经济时代，接受教育的层次越高，个人所获取的收益就越大，学生凭借助学贷款顺利完成学业，以知识服务社会的同时，也将得到巨大的经济性与非经济性的回报。因此，作为助学贷款的援助主体学生而言，助学贷款也是个体人力资本的投资，是助学贷款体系中的最大受益者。

除上述四大主体外，对于参与助学贷款业务中，实施担保的保险业等服务机构或组织部门，也是助学贷款体系中不可或缺的主体，但由于其参与程度不深，本书不再阐述。

二、助学贷款制度实施要素

从助学贷款运作程序上所分析，我国普通高校助学贷款构成要素主要包括八个方面：贷款资格、贷款额度、贷款利率、贷款期限、贷款贴息、还款方式、担保形式以及贷款回收率。

（一）贷款资格

我国实施的国家助学贷款面向中华人民共和国境内（不含香港特别行政区和澳门特别行政区、台湾地区）普通高等学校中经济确实困难的全日制本专科学生（含高职学生）、研究生以及第二学士学位学生。1999年先在北京等8个城市所在的普通高校试点，2001年9月起推广到全国公办普通高等学校，后延伸到一部分民办普通高校也陆续开展国家助学贷款工作。对于借款人贷款资格，即申请条件，主要在品行、学业等进行了规定，如具有完全民事行为能力；家庭经济确实困难，无法支付正常完成学业所需的基本费用（包括学费、住宿费和基本生活费）；学习刻苦，成绩较好，能够正常完成学业；诚实信用，遵纪守法，无违规违纪行为，以及贷款经办银行规定的其他条件。

（二）贷款额度

学生贷款金额主要根据以下公式确定：学生贷款金额＝所在学校收取学费＋所在地区规定基本生活费－个人可得收入（包括家庭提供的收入、学校奖励资助收入、社会等其他方面资助的收入）。其中，学费贷款金额最高不超过借款学生所在学校的学费收取标准，生活费的贷款金额最高不超过学校所在地区的基本生活费标准。在实施过程中，学生贷款额度从最初的每人每学年不超过 6000 元，调整为后期的本专科学生每人每学年不超过8000 元、研究生学生每人每学年不超过 12000 元，总额度按正常完成学业所需年度乘以学年所需金额确定。

但由于各学校学费和各地区基本生活费标准不同，学生贷款需求的最高数额也不完全相同，在贷款初期来讲，贷款额度基本满足本专科学生需求，但随着物价指数上涨及学费收取标准的整体调整与普遍提高，国家规定的贷款额度已无法满足所有学生需求，特别是对于艺术类专业本专科学生以及特殊专业硕士、博士研究生而言仍然显得过低。对于高校申请贷款学生比例，即贷款办理规模上，中央部属高校国家助学贷款发放规模由教育部按照国家财政贴息经费确定，而地方普通高校的国家助学贷款发放规模由各地区根据地方财政贴息情况制定实施。

（三）贷款利率

国家助学贷款利率执行中国人民银行规定的同期贷款基准利率，不上浮。对学生毕业后实际偿还的利息，按照当年同期利率执行。如遇中国人民银行调整贷款利率，执行中国人民银行的有关规定。如果学生贷款期限在一年以内（含一年），按合同约定利率计息，遇法定利率调整时，合同利率不变；而贷款期限在一年以上的，利率一年一定，遇法定利率调整，则在下一个利率确定日执行新调整后的利率；贷款逾期又未批准展期的部分，按逾期贷款利率收取利息。以中国人民银行 2016 年年初最新公布的同期贷款现行年利率为例：（1）六个月（含）以内：4.35%；（2）六个月至一年（含）：4.35%；（3）一年至三年（含）：4.75%；（4）三年至五年（含）：4.75%；（5）五年以上：4.90%。

（四）贷款期限

我国助学贷款期限由最初的学生所借贷款本息必须在毕业后四年内还清，变更为借款学生毕业后视就业情况，在一至两年后开始还贷，六年内还清，后随着生源地信用助学贷款的实施，将贷款期限两次进行了延长调整，第一次于 2008 年，将贷款期限规定为按全日制本专科学制加十年确定，最长不超过十四年；第二次于 2016 年，将贷款期限延长为按学制加 13 年确定，最长不超过 20 年，且将学生在校及毕业后宽限期由原来的两年延长为三年，宽限期后由学生和家长（或其他法定监护人）按借款合同约定，按年度分期偿还贷款本金和利息。学制超过四年或继续攻读研究生学位、第二学士学位的，相应缩短学生毕业后的还贷期限。

（五）贷款贴息

国家助学贷款作为政府主导开展的政策性资助贷款，政府财政部门对接受国家助学贷款的学生给予还款利息补贴。最初，学生所贷款利息的50%由学校所属政府贴息，其余50%由学生个人负担，经2004年对助学贷款的财政贴息方式进行调整，实行借款学生在校期间的贷款利息全部由财政补贴、毕业后全部自付的办法，借款学生毕业后开始计付利息。

（六）还款方式

助学贷款还款方式包括等额本金还款法、等额本息还款法两种，并采用灵活的还本付息方式，可提前还贷，或利随本清，或分次偿还（按年、按季或按月），具体方式由贷款人或借款人在"借款合同"中约定还款方法以及还款时间，并载入合同。

等额本金还款法、等额本息还款法主要区别在于，等额本金还款法由借款学生每月等额偿还助学贷款本金，贷款利息逐月递减，本息合计逐月递减，这种还款方式前期还款压力较大，适合收入较高或想提前还款毕业生群体；而等额本息还款法由借款学生每月以相等的金额偿还助学贷款本息，每期还款额中的本金都不相同，前期还款金额较少，本息合计每月相等。这种还款方式由于本金归还速度相对较慢，占用资金时间较长，还款总利息较相同期限的等额本金还款法高。

（七）担保形式

助学贷款的担保形式主要有保证担保、抵押担保、质押担保和信用助学贷款四种。而保证担保贷款需要提供保证人担保；抵押担保和质押担保贷款需要以房产或有价证券作为抵押物进行担保；信用助学贷款则不需要担保，只需要提供贷款介绍人和见证人，以个人信用向银行申请助学贷款，且介绍人和见证人不承担连带责任。目前我国普通高等院校实施的国家助学贷款的担保形式采用的是个人信用担保的方式，也就是不需要提供任何的抵押、质押或者保证人担保。

（八）贷款回收率

助学贷款回收率为贷款毕业生应偿还全部贷款的现值扣除拖欠和管理成本所流失的金额，即经办银行后期实际收回的贷款现值与最初贷款发放现值的比率。如计算学生贷款回收率，考虑还款期间的银行利率和通货膨胀率，可计算出每次还款的贴现值。假设所有获贷学生都能履约按时还款，则还款额贴现值和所获贷款贴现值的比率即为贷款回收率。所以说，影响助学贷款回收率的两个主要因素为通货膨胀率和贷款的利息。通过对比分析贷款回收率，可以更加真实地反映助学贷款项目的效率。

除上述八个贷款要素外，也有学者将贷款拖欠和管理成本归结为其中要素。其中贷款拖欠指获贷学生应该偿还而没有偿还的贷款数额，拖欠资金部分由政府、银行、学校三方承担；管理成本指因实施学生贷款申请、发放、回收和追缴过程中人力、物力和财力的支出，由于助学贷款的社会公益性及政策引导性，其管理成本高，绝大部分由政府承担。就助学贷款管理总成本而言，通过管理成本与贷款回收情况对比，贷款的回收率越低，管理成本越高，政府投入贷款的资金损失会越大。在我国其他发展中国家，由于缺乏对流动学生的有效追踪，学生贷款管理成本还难以估算。根据英国的伍德霍尔博士对拉丁美洲国家研究表明，贷款管理成本占贷款数额的 12% ~ 23%；而以色列的齐德曼教授认为，"在不确定的情况下，每年贷款管理成本是当年还款余额的 2%。按此折算，意味着贷款管理总体成本大约占整个贷款数额的 10% 左右，这是对贷款方案最保守的估计"。同时，齐德曼教授还认为大多数发展中国家学生贷款的管理总成本为当年还款余额的 1% 或 2%。在我国，由于国家助学贷款运行中管理成本没有精确的统计数据，一般采用国际上常用的估算方法，即假定国家助学贷款管理成本是 1% 或 2%。

三、助学贷款评价指标

国家助学贷款作为国家贴息的个人信用贷款，除与普通商业性贷款有共性的评价指标外，还需有以下指标进行评价，以便了解掌握、统计分析助学贷款实施进展等综合状况。

（一）助学贷款比率

助学贷款比率是指国家助学贷款发放金额在同期学生资助政策体系中各项资助政策实施所发生总额度的百分比。通过分析助学贷款比率，既能体现国家助学贷款是学生资助体系的一部分，又能显现助学贷款制度执行情况在整个资助体系中的比重。由于国家助学贷款是普通高校学生资助政策体系中最主要的资助形式，所以，助学贷款比率在所有助学贷款评价指标中占有比较重要的地位。助学贷款比率计算公式：

助学贷款比率 = 助学贷款发放金额 / 同期实施学生资助政策体系所发生总额度 × 100%

据全国学生资助管理中心统计，2007 年至 2011 年，全国普通高等学校资助在校学生 1.79 亿人次，累计资助金额 1817.18 亿元，其中，国家助学贷款累计发放学生 889.67 万人，发放贷款金额 488.62 亿元，在发放国家助学贷款人数及金额中，生源地信用助学贷款发放人数 410.48 万人，发放贷款金额 232.21 亿元。2007 年至 2011 年期间，国家助学贷款比率为 26.89%，生源地信用助学贷款比率为 12.78%。以上足以证明国家助学贷款政策在整个学生资助政策体系中的主体地位。

（二）助学贷款占比

助学贷款占比是指每种助学贷款模式下办理的贷款数额在同期内助学贷款办理总数额的百分比。通过助学贷款占比，能够比较各个助学贷款模式在整个助学贷款体系中的实施状况。助学贷款占比计算公式：

助学贷款占比＝某种助学贷款模式下发放贷款数额/同期内助学贷款发放总数额×100%

根据全国实施助学贷款状况，一般分为校园地国家助学贷款与生源地信用助学贷款。以2012年为例，全国普通高校实际办理助学贷款263.45万人，实际发放贷款数额149.03亿元，其中校园地国家助学贷款、生源地信用助学贷款发放数额分别为22.06亿元、126.97亿元，校园地国家助学贷款、生源地信用助学贷款占比分别为14.8%、85.2%。生源地信用助学贷款成为我国普通高校国家助学贷款的主要模式。

（三）助学贷款规模系数

助学贷款规模系数（也可称为助学贷款覆盖率）指办理贷款学生人数占学生总人数的百分比，是反映学生贷款比重的指标。助学贷款规模系数计算公式：

助学贷款规模系数＝办理助学贷款学生人数/学生总人数×100%

据统计，2008年，全国普通高校（包括公办和民办的全日制本专科学生、研究生和第二学士学位学生）在校生总数为2103.27万人，发放贷款金额65.96亿元，办理助学贷款125.9万人（含当年新增发放人数和2008年以前年度已签订合同当年续发放人数）。当年助学贷款规模系数为5.99%。

（四）助学贷款额度指数

助学贷款额度指数指学生办理助学贷款人均数额，又分为相对助学贷款额度指数和绝对助学贷款额度指数。相对助学贷款额度指数为在校学生的人均助学贷款数额，而绝对助学贷款额度指数为申请办理助学贷款学生的人均数额。两者都是反映学生办理助学贷款数额大小的指标。计算公式：

相对助学贷款额度指数＝发放贷款总数额/在校学生总人数

绝对助学贷款额度指数＝发放贷款总数额/申请办理贷款学生总人数

以全国学生资助管理中心统计的2008年助学贷款为例，相对助学贷款额度指数为313.61元，而绝对助学款额度指数为5239.08元。

（五）助学贷款指标利用率

助学贷款指标利用率又称助学贷款指标运用率，指高校助学贷款实际到账数额与计划期内上级教育、财政部门下达的助学贷款额度的百分比，是反映上级主管部门对所属高校下达计划期内助学贷款控制额度实际运用程度的指标。对于贷款控制额度，部属高校一般根据学校助学贷款需求以及贫困生认定比例，经全国学生资助管理部门下达至助学贷款经办银行；而地方高校，原则上由上级归属学生资助管理部门、金融管理机构负责分别下达至学校和下级教育部门以及助学贷款经办银行或代办部门，其中对参加高考学生的控制额度根据上年高考录取人数的一定比例确定，对高校在校学生的控制额度根据各高校学生数扣除当年毕业生以外的在校生人数的一定比例确定。助学贷款指标利用率计算公式：

助学贷款指标利用率＝计划期内学校助学贷款实际到账数额／同期上级主管部门下达的助学贷款额度 ×100%

（六）助学贷款偿还率

助学贷款偿还率指学生助学贷款的还款额与借款额两现值的比率。助学贷款由于政府主导以及财政贴息等，使贷款学生享受到更多的优惠，特别是无须偿还所获贷款的全部本息，即借款学生的最终还款现值将低于当初借款额的现值。助学贷款偿还率与助学贷款回收率的区别就在于，助学贷款回收率计算中学生还款额的现值扣除拖欠和管理成本所流失的金额，而助学贷款偿还率计算中的学生还款额的现值未去除拖欠和管理成本所流失的金额。以色列的齐德曼教授研究表明，发达国家与发展中国家的学生贷款偿还率未有明显差别，学生贷款偿还率的高低主要由各国的还款条件确定，而与国家自身的经济基础没有太大关系，贷款利率低、还款期限长的贷款偿还率将会低一些，反之贷款偿还率将会高一些。

（七）助学贷款相对效率指数

助学贷款相对效率指数为助学贷款回收率和偿还率之比。如果拖欠减少和管理成本能够得到有效控制，贷款的回收率就会提高，相应的其与贷款偿还率之间的差距会减少，助学贷款相对效率指数就会变大（越来越接近于1）。因此，相对效率指数是反映助学贷款运作的整体效率，指数越大，说明助学贷款项目的总体运行效率就越高，反之亦然。

（八）助学贷款违约率

助学贷款违约率如同助学贷款回收率、助学贷款偿还率，在一定程度上都是反映助学贷款效率的指标，但助学贷款违约率更能直接反映不良贷款在整个助学贷款总额中所占的比重，因此如何准确、有效地计算、预测助学贷款违约率对助学贷款经办银行的信用风险管理具有十分重要的作用。

助学贷款与普通商业贷款一样，也是经办银行主要资产的一部分，因此也可分为正常助学贷款和不良助学贷款，其中不良助学贷款指逾期助学贷款、呆滞助学贷款、呆账助学贷款，即国家银行界所谓的"一逾两呆"。逾期助学贷款为借款学生拖欠贷款本息超过三个月、一年以内的贷款；呆滞助学贷款为借款学生拖欠贷款本息逾期一年以上、三年以内的贷款；而呆账助学贷款为拖欠贷款本息逾期三年以上的贷款。对于所有的助学贷款，只要超过约定还款日期就可认定为逾期，就属于不良助学贷款。

结合我国普通商业金融机构违约率计算方法，可将助学贷款违约率分为两种方式，即数量法、数额法，其中数量法又分为违约学生户数法、违约贷款笔数法。相关违约率计算公式：

1. 助学贷款违约户数法：反映助学贷款违约学生户数比重（按每人一户）

助学贷款违约率＝本期内助学贷款违约学生户数/同期内助学贷款学生总户数×100%

2. 助学贷款违约笔数法：反映助学贷款违约次数比重（违约频率）

助学贷款违约率＝本期内助学贷款违约笔数/同期内助学贷款应偿还总笔数×100%

3. 助学贷款违约数额法：反映助学贷款违约金额比重

助学贷款违约率＝本期内助学贷款违约金额/同期内助学贷款总金额×100%

上述助学贷款违约率的度量方法，主要是针对目前助学贷款制度完善阶段所提出的比较简单的计算方法。随着我国金融环境的不断完善，特别是信用评价等级行业的进一步发展，有关助学贷款风险及信用等级方面的数据不断积累，助学贷款违约率额度量方法也将不断得到完善和发展。对于更复杂、更系统的助学贷款违约率理论框架、操作，仍需要国内学者和专家们进行更深入的研究。

第五章　我国高职院校精准学生资助政策体系

精准扶贫是直接关系我国是否走社会主义道路的根本性问题，更是关系我国坚定走中国特色社会主义道路是否成功的重要标志之一。2013年11月，国家主席习近平在湖南湘西考察时首次提出"精准扶贫"，并指出，"扶贫开发推进到今天这样的程度，贵在精准，重在精准，成败之举在于精准"，"关键是要找准路子、构建好的体制机制，在精准施策上出实招、在精准推进上下实功、在精准落地上见实效"，不但提升了关于社会主义共同富裕的思想认识，而且成为指导我国扶贫工作的重要方针。

针对高校学生资助政策实施过程中存在的缺陷以及高校家庭经济困难学生资助工作，作为我国当前与今后较长时期内社会扶贫开发工作的重要内容之一，只有加快构建以精准家庭经济困难学生认定、精准资助培养目标以及精准资助监督考核评价等六大子体系为主要内容的高校精准学生资助政策体系，并通过采取提高困难学生认定精准度、注重增强全社会舆论引导力等有力措施，才能如期改进和加强普通高校学生资助工作，促进我国高职院校学生资助体系健康可持续发展，顺利完成时代赋予各级政府的重任，真正提高人民大众对高校学生资助工作的满意度，提高对我国全面建成小康社会的满意度。

第一节　我国高职院校精准学生资助政策体系构建的主要内容

自2007年5月，国务院下发《关于建立健全普通高校家庭经济困难学生资助政策体系的意见》（国发〔2007〕13号）至今的近十年中，各级政府、各类院校以及社会各方组织加快资助政策完善步伐、加大资助帮扶力度，逐步扩大经济困难学生资助范围，提高资助标准，拓展了资助领域，形成了较为健全的高校学生资助体系。但随着时代发展和形势变化，资助方式与资助效果、政策制定与政策执行、资助育人与学生成才等之间矛盾依然存在。只有通过精准资助，构建相对独立又互为统一的精准家庭经济困难学生认定、精准资助政策、精准奖助评定及使用监督、精准资助培养目标、精准资助队伍建设及精准资助监督考核评价等六大子体系，并逐步建立更加完善的精准资助体系，才能使高校资助总体工作更加科学规范，更加精准有效。

一、我国高职院校学生精准资助内涵

（一）有关"精准"概述

"精准"一词本意为"精确、准确、可衡量的"，指时间概念中的精准、空间位置上的准确。随着从过去粗放式管理到当前精细化管理的转变以及实施现代管理的趋势，推行精准化（式）运作已成为各项事务管理程序化、科学化、标准化以及规范化的必然要求。较早地将"精准"应用于管理中当属于农业生产及市场营销，如当今世界农业发展的新潮流、由信息技术支持实施的一整套现代化农事操作技术与管理系统——"精准农业"，作为信息技术与农业生产全面结合的一种新型农业，不但最大限度地提高了农业现实生产力，而且成为实现可持续发展农业的有效途径，以及依托现代信息技术手段建立起的个性化的顾客沟通服务体系——"精准营销"，在精准定位的基础上，更加精准地找到市场、找到产品的目标人群，实现了企业可度量的低成本扩张之路，达到了业务与管理的规范化、效益的最大化。无论精准农业，还是精准营销，都为其他精准管理提供了很好的借鉴和参考。

（二）有关高校"精准资助"概念界定

精准资助是指运用科学有效的程序对普通高校资助对象实施精确识别、精确帮扶、精确管理、精确评价的助学方式，即在我国普通高校已初步建立较为完善的学生资助体系基础上，通过对资助政策的系统化、精细化以及资助队伍的专业化、职业化等措施，对家庭经济困难学生认定实施精确量化、对奖助学评定进行流程细化、对资助培养目标评价实现标准化等，努力创建更加符合高等教育发展规律和高校资助工作特点的精准资助体系，以此推动高校学生资助工作管理精确、高效和持续改进，并进一步促进教育公平。精准资助的目标是在覆盖范围内以最少的物力、人力等资源消耗以及最优化的经费变量投入，实现资助对象最准确、真实的认定，资助力度最公平、科学的帮扶，资助成效最合理、客观的评价，达到最佳的预期效果，使学生、家庭、学校、政府、社会多方协调，最终实现资助工作的可持续发展。精准资助是高校学生资助工作的重大创新，必将对全国普通高校学生资助工作产生重大而深远的影响。

（三）有关高校"精准资助"概念内涵

1."资助"的范围

本章中的"资助"包括根据国家有关规定批准设立的全日制公办普通高等学校、民办普通高等学校和独立学院内，对全日制普通本专科、研究生等进行的经济帮扶以及开展的教育活动等。

2．"精准资助"的目标

明确提出总体目标是通过精准认定、精准资助、精准评价，达到学校、社会等协调，最终实现资助工作的可持续发展。

3．资助全过程中的"精准"

精准资助概述中强调了"精准"一词应用于高校学生资助工作全过程，是"精准"的管理教育与服务，而不仅仅是某一个环节、某一过程、某一时段。"精准"不但包括家庭经济困难学生而定的精准、对学生个体资助额度的精准、政府及学校财政经费投入的精，而且还包括各方管理的精准、协调的精准以及监督评价的精准、信息管理与控制技术的精准等。

4．参与主体之间的高度关联

资助本身涉及学生、家长、学校、政府、社会多方参与主体，其性质及精准程度要求各方相互之间密切互动沟通，在使用最低的管理成本前提下，达到各方的组织效果，实现各自的组织需求，从而达到高校学生资助工作长期稳定健康发展。

二、我国高职院校精准学生资助体系构建的主要内容

（一）精准家庭经济困难学生认定体系是实施精准资助的基础

贫困生的认定是助学工作的首要环节，是制约助学工作精准性的关键所在。只有对家庭经济困难学生进行准确认定，才能保证有效的资助对象定位。但在多年的实践中，绝大部分高校对家庭经济困难学生认定仍然局限于一个较为固定、仅通过生源地村委或民政部门证明为主的定性认定模式；部分院校及一些专家学者虽也探索并尝试通过分析家庭经济收入、在校生活支出、接受奖助幅度等数据，以定量与定性相结合的方式进行认定，表面上较为科学，但在工作宏观要求与具体细节操作上，特别是在最终认定的结果与学生家庭经济客观真实上，无法保证达到"真扶贫，扶真贫"的效果。通过构建精准家庭经济困难学生认定体系，建立以高校为主体，由政府主导，教育、财政、民政、公安、房管、不动产管理等职能部门以及医疗、金融、证券等管理或服务机构共同参与的高校家庭经济困难学生认定机制，创建家庭经济状况、主要成员待遇收入，家庭不动产、证券经营情况，成员患病医疗支出以及家庭和学生个人接受各类资助等信息共享查询协作机制，从生源地到学校的所有家庭收支、外来救助等金融资产信息进行指标定量认定，对每个学生个体的各项指标进行精准量化、综合考虑；且对每个资助对象实行"一生一号"，并根据其接受资助的准确额度时时进行动态化调整，使资助对象有进有出。

精准家庭经济困难学生认定体系的构建，不但能保证高校学生资助工作扶贫达到精而准，实现"扶真贫，真扶贫"目的，也有助于避免学生申请资助信息的虚报，同时破解了学生受助信息共享难题，为后期各项资助政策落实打好基础。

（二）精准高校学生资助政策体系是实现精准资助的核心

近年来，为维护教育公平、社会公正，国家密集出台了一系列资助政策，已建立起以"奖、贷、助、补、减"以及"绿色通道、专项困难"等多种形式的多元化资助政策体系，基本覆盖了学生从入学到毕业大学时段全部的学生资助途径，对培养大批社会需求人才发挥了重大作用。但各项资助政策根据各自资助主体，强调不同的资助重点，分散的资助措施不利于使资助形成合力，无法发挥财政投入资助经费的最大作用和效益；同时，国家虽通过对特困高中生发放国家助学金、对特困毕业大学生发放就业服务卡及求职补助等形式纳入国家助学体系，然而对学生就读高中阶段资助拓展以及学生后期就业创业方面的延伸实质性不强，无法真正成为"发展性资助"；再者，对于资助政策各项经费，从政府到学校，从企事业单位和个人到慈善机构，门类众多、渠道多样，来源颇为复杂，缺乏相对统一归口的平台，且复杂的来源途径极易影响相关部门的利益并引发冲突。而精准的高校学生资助政策体系，即把各项资助政策进一步精细化，准确规范每项政策申请资格标准，让在校学生从入学至毕业任一时段，可根据家庭经济个体差异和自身贫困认定程度或等级，自我准确衡量完成学业所需救助额度，精准确定与其相符的资助种类或款项；同时，弥补高中时段与就业创业资助空白，对高中阶段认定的特困学生根据到校路途给予适量交通和短期生活补助，针对毕业后就业创业困难学生，实施切实有效的就业创业援助机制，提供求职经济和创业补助，形成一个具有多维度、多层面、多方位，大而统一的资助政策新体系，让每名有需求资助的困难学生时时、事事恰当受到精确资助成为高校学生资助工作的新常态。针对经费来源复杂现象，建立一个由财政投入为主，政府发挥主体，并负责归集非财政性资金在内的所有助学项目平台，整合后不改变资金用途和范围，不改变资金申请和发放渠道，但必须统一申请审评、统一公示确定、统一拨款发放，确保资助各个环节的透明度和可信度。通过构建精准学生资助政策体系，让资助政策真正做到准确贯彻落实，不但实现了资助资源的整合，将资助政策贯穿高校困难学生求学始终，而且提高了对困难学生的资助能力，为实现精准资助提供政策保障。

（三）精准奖助评定及使用监督体系是开展精准资助的重点

奖助学金评定是我国高职院校学生资助政策体系中的主要组成部分，在财政出资的资助经费中一直占有较大比重，2013 年、2014 年全国高校各类奖助学金发放金额分别高达 308.53 亿元、404.84 亿元，占当年高校资助总金额的比例分别为 53.74%、56.47%。因资助额度大、资助幅度宽，受惠学生比例逐年提高的趋势已经成为我国家庭经济困难学生资助政策体系中重要的助学机制和减轻学生经济压力的最有效途径。然而，由于国家奖助学金评选体系中存在的评价指标的单一性、各量化指标与非量化指标的矛盾性以及评选体系自身的封闭性等缺陷，致使评选过程及结果都存在较多不足之处。具体表现在国家奖学金评选主要指标未进行科学合理量化，不同专业、不同年级，甚至不同学科之间缺少可比性以及过分地强调学习成绩，或单纯以综合素质（测评）排名确定等；国家励志奖学金仅片面地突出学习成绩的排名，而忽视家庭经济状况、学生励志进取综合表现，或者单一地以家庭经济状况为评定标准；而国家助学金往往倾向于家庭经济困难程度，忽视或弱化了学生勤奋学习之标准，使国家助学金成为"名副其实"的救济金。同时，在评定过程中，少数贫困生集多项奖助学金于一身现象普遍存在，部分学生一年获得两万元，或大学期间获得高达五六万元奖助学金，成为高校校园内的"困难贵族"。另一现实问题是奖助学金使用监督环节薄弱，学生使用奖助学金购买高档消费品、相互宴请，或"二次分配""轮流坐庄"等现象仍然普遍存在，为违反规定行为，缺少有效措施，无法追回奖助资金。针对上述奖助学金评定问题，在精准家庭经济困难学生认定体系、精准资助政策体系构建的基础上，努力构建奖助评定及使用监督体系，即对奖助学金的评定规则进行精确量化，如国家奖学金从学习成绩、社会实践、创新创业、获奖荣誉、综合素质以及特殊贡献等方面一一进行精确定量画线，实现不同专业、不同年级、不同学科之间的可比性，让真正优秀的学生脱颖而出；国家励志奖学金除对学习成绩、操行考核量化外，应着重从遵章守纪、家庭经济状况、参加勤工助学及其他公益活动等评选规则进行精确量化；而国家助学金重点根据受助对象家庭的教育投资能力及其教育资助需求以及学生的优秀程度或精准认定的贫困程度等相关指标进行量化评级，并对应给予补助，奖助额度因人而异，既避免资助"漏人"，又不会资助成富，最终实现奖助评定的精准化。针对奖助资金使用管理，应细化奖助资金使用规则，精准列出资助款项可开支项目及不正确或不合理开支项目，并创建实施跟踪反馈机制，通过学生校园卡消费、金融卡账目以及学生舍友调查、家长访谈等形式进行多方监管；对违规者，由学校指定部门坚决追回资助款项，确保监管力度和高效性。

（四）精准资助培养目标体系是实行精准资助的本质

日趋完善的学生资助政策体系逐步加大了对家庭经济困难学生"无偿资助"力度，切实解决了家庭特困学生群体的经济压力，较好地发挥了"救困助学"功能，但在运行中由于重物质资助、轻精神扶持，大大消减了资助育人成效，过多的直接性、赠予性、无偿性资助，极易导致受助学生群体产生"等、靠、要"等依赖思想和行为，认为"贫困有理"，受资助天经地义；另外，受家庭经济压力、家庭和学校的教育方式以及世俗观念评价等多种因素的影响，家庭经济困难学生多表现出自卑气馁心理、妒忌敏感心理、封闭孤独心理以及爱慕虚荣、人际交往困难、心理疾病突出等一系列个性特征和心理健康方面的负性变化。教育界，特别是教育主管部门、高校也较为重视贫困学生的精神扶持，注重发挥资助育人功能，也积极通过开展心理健康指导、诚信感恩等为主题的系列教育活动以及创建贫困学生专项实践平台、就业技能专项提升平台等措施提高其能力水平，但大多往往停留在组织形式、开展过程上，未能达到最终培养效果。无论上级主管部门，还是普通高校，由于缺少系统的资助育人中长期整体规划，仍未形成完善高效的能力提升和素质培养长效机制，致使走出大学校门的贫困毕业生群体依旧以明显的劣势游走在社会各阶层，影响了自身的成长成才。针对当前高校学生资助育人效果以及培养教育现状，应科学构建精准高校家庭经济困难学生资助培养目标体系，即根据个性差异及自身专业实际，"量身定制"科学实效的个体学业提升精细培养方案，全面提高其专业水平和创业就业竞争能力；建立国家、政府、高校、社会以及学生个体等"多维一体"的精准教育培养体制，全方位提升贫困学生的心理、精神以及综合技能；实施全程资助育人培养成效跟踪服务机制，对贫困学生创业就业、职业发展、能力提升进行实时跟踪服务，保障资助育人工作的实效性；对贫困学生资助培养效果定期进行综合评价评估，及时调整完善个体培养方案及整体资助育人培养措施，推进资助育人目标实现的时效性。

通过构建精准高校学生资助培养目标体系，将全面加强贫困学生组织培养和能力建设，扎实推进贫困学生素质培养与能力开发，不但完全实现从经济资助向精神扶持的转变，而且将持续提升贫困大学生弱势群体培养质量，形成科学高效的学生资助育人长效机制。

（五）精准资助队伍建设体系是推行精准资助的保障

高校辅导员是大学生思想政治教育和日常管理工作的组织者、实施者和指导者，是大学生成长成才、高等教育事业发展及和谐社会建设不可或缺的一支重要力量。结合上级制定的关于加强高等学校辅导员班主任队伍建设的意见以及有关高等学校辅导员职业能力标准等办法条例，国家、省级教育主管部门以及各普通院校，通过完善辅导员队伍建设制度、提升辅导员队伍职业能力、加强辅导员队伍内涵建设等措施，推动了辅导员队伍建设的整体健康发展。但由于领导重视不足、经费投入不够、人力配置不及时、保障机制不完善等因素，当前高校辅导员队伍建设仍然存在稳定性不强、专业能力缺失、工作热情不高、梯队结构不合理、综合素质整体欠缺等问题。特别是高校学生资助工作，与学生公寓、心理健康、教育管理、事务服务等其他大学生日常管理工作相比，具有政策性强、项目繁多、涉及面广、资金额度高以及程序严格、工作量大、持续时间长等特点，本身就对从事资助工作专职辅导员提出较高的要求。另外，随着高等教育改革带来高校教师专业发展的适应性转型，促使高校辅导员队伍同样进行"接地气"式的专业转型发展，更是新时期大学生思想政治教育发展的必然选择。针对新时期高等教育改革发展要求、辅导员队伍建设现状以及学生资助工作性质特点，只有积极推进以专业化、职业化、信息化为主要方向的学生资助辅导员队伍内涵建设，构建精准高校学生资助队伍建设体系，才能推进以精准资助政策、精准家庭经济困难学生认定、精准奖助评定等体系为核心的高校学生资助工作内涵式、外延式共同转变发展。

构建精准高校学生资助队伍建设体系，首先要加强发展资助队伍精准专业化，即制定实施资助专职人员准入及持证上岗制度，严把"入口关"，建立准入机制，明确准入条件，限定准入资格，同时，规范准入程序，实施岗前培训及从业资格证书制度，坚持"高标准"原则选聘优秀辅导员或毕业生专职从事资助工作；创建资助专职人员专业培训及技能提升体制，由上级所属教育主管部门或借助第三方培训机构每三年至五年对高校资助专职人员进行轮训，形成辅导报告、交流研讨、专题培训等多层次、多形式的培训长效制度，全面提升资助队伍综合能力；大力扶持与资助工作专业枉关学科发展，借助教育学、思想政治教育等原有学科，拓展设置资助育人、资助理论研究等相关专业分支学科，组织专职资助辅导员攻读并获取相关专业硕士、博士学位，形成资助专职工作者专业化发展培养成长体系，使之达到学生资助辅导员专业化的目的。其次，积极推进资助队伍职业化进程，根据学校中长期辅导员队伍建设规划，按照个人主体、学校主导原则，逐个制订实施资助专业人员的职业生涯规划，让其职业发展与学校的发展目标、整体辅导员队伍建设相结合，增强资助专业人员的职业归属感；健全资助队伍职业发展激励机制，对从事资助一定年限、考核达标者，在职称评定和职务晋升中，按等同于或高于其他系列评选比例进行评聘，并切实加强领导，确保政策上的落实，提高资助专业人员自身职业的认同感；结合专业职称评审办法，借鉴心理咨询师等职业认证制度，实行资助专职辅导员职业等级认证制度，依托教育行政部门或人社保障机构制定从事资助职业等级划分标准，通过个人注册申请，考试为主、考察为辅的方式进行遴选和评价，实现资助专职辅导员身份职业化，确保资助辅导员职业持续发展。最后，着力培养提高资助专职队伍信息化能力。第一，结合助学贷款、奖助学金评定等各单项工作及已开发系统，利用现代信息通信技术以及互联网平台，将各独立系统进行整体统筹，通过组建大而全的资助工作信息化系统，实现各级资助管理机构、高校、院系、学生以及教育行政部门、金融服务机构等各用户信息的共享，让"互联网＋资助"为普通高校资助工作创新和发展提供广阔的网络平台；第二，提高资助专职队伍信息化管理与应用能力，增强资助从业人员使用现代信息技术的熟练程度，改变目前纸质报送、人力统计分析等传统做法，通过实现资助队伍信息化管理，完全利用现代信息技术有效服务于高校资助工作，在最大限度上降低运作成本的同时，更能保证资助工作的实效性和准确性；第三，随着网络在高校的全覆盖，注重提升资助专职队伍的网络意识和游走网络技能水平，使其具备掌握必要的网络技能和网络素养，通过移动飞信、微博、微信以及腾讯QQ等信息化软件，以语音、短信、动态即时发布等方式，将贷款偿还以及奖助学金等资金到账信息及时通知到相关学生个体，或在资助日常管理中答疑解惑传递至不同学生群体。

创建实现资助队伍专业化、职业化、信息化，除受社会多种环境的影响和制约之外，最重要的因素来自资助专业人员自身，只有不断加强学习，不断创新，注重提高专业水平、职业素质及信息技术技能，积极推进资助队伍建设的专业化、职业化、信息化进程，为构建精准高校学生资助队伍建设体系提供人力资源保障。

（六）精准资助监督考核评价体系是做好精准资助的关键

建立科学有效的监督考核评价体系是加强高校学生资助管理的一项关键措施，对于开展精准资助各项工作，实现精准资助育人效果具有十分重要的意义。自创建高校学生资助政策体系至今，各级教育主管部门、资助管理机构也注重加强资助工作的各项监督管理和绩效考评，然而在操作管理及实施过程中，存在监督不够到位、角度不够全面、指标不够细致、标准不够统一等问题，影响了考核评价结果的针对性、真实性和客观性。构建精准资助监督考核评价体系，即结合高校学生资助工作与其他学生管理工作的差异性和特殊性，通过完善监督机制、优化考核体制、创建评价系统以及强化奖惩制度等具体措施，为实施高校精准资助体系搭建一个良好平台。第一，完善资助监督管理机制，重点加大助学贷款、奖助学金等各项资金发放监管力度，加强院校对资金的足额提取与划拨管理、学生对奖助资金的合理支配与科学使用监督以及资助育人实施效果监督管理，让监督深入资助政策贯彻落实全过程，实现监督由"静态"向"动态"的转变；第二，优化资助绩效考核体制，针对资助工作主体的多样性、资助程序的复杂性，明确上级教育主管部门、资助管理机构以及高校等不同考核主体，创新绩效考核办法，细化考核评比规程，以被考核者自评、考核者评议以及同级互评等方式，逐步推进定量考核模式，增强考核量化结果的对比度；第三，以定期考核评比为基础，创建资助效果评价系统，通过访谈、问卷、系统等方式，组织师生、社会相关机构等不同群体不定期对资助政策贯彻情况、资助育人效果进行鉴定，不断推进整个资助工作评价系统的开放性，并根据考核、评价情况，尝试建立资助考核评价等级机制，不但可促进资助各项政策不断进行改善，也将使资助监督管理机制、资助绩效考核体制以及资助效果评价系统形成一个互相联系、互相作用的高效资助管理平台，为整个资助工作的顺利开展提供有效的途径；第四，强化奖惩制度，将考核、评价结果作为开展资助工作实绩的客观依据，对突出高校、院系通过提高奖助学金分配比例、划拨资助专项经费，或奖补资金进行鼓励. 对于优秀资助专职人员优用重用，在职称、职务聘任中给予照顾，实现资助队伍的动态平衡，依此引导高校资助各项工作进一步向前发展。

三、我国高职院校精准学生资助体系构建的基本原则

高校学生资助工作是学校学生事务管理中重要的组成部分，在学校人才培养过程中同样发挥着重要作用。在精准资助体系实现路径中，要牢固树立"精准管理"理念，既要注重学生事务管理工作的共性，又要兼顾资助工作自身具有的特殊性。为了适应并满足社会和高校发展需要，构建高校精准资助体系，必须遵循以下六方面原则：

（一）必须保证体系自身的独立性

相对于高校学生公寓、心理健康等其他学生事务管理，学生资助工作是以家庭经济困难学生群体为主要管理服务对象，通过物质资助、精神帮扶、教育引导，促进家庭经济困难学生健康发展。因此，在构建精准资助体系以及精准家庭经济困难学生认定等各个子系统过程中，都相对独立存在，并可根据客观需要不断进行完善发展。

（二）必须增强体系之间的协调性

一方面，精准家庭经济困难学生认定等各子系统之间紧密相连，有机一体，互进互促，只有增强各自之间的协调性才能促进精准资助体系的强化发展，才能实现高校资助可持续发展的目的。另一方面，各级教育、财政、人事等主管部门以及高校各相关单位要加强统一协调、互相配合，充分发挥其合力，发挥各子系统功能。

（三）必须注重体系发展的整体性

精准资助体系的整体性是作为由资助政策、专职队伍建设等诸多要素结合而成的有机整体存在并发挥其作用的，具有精准家庭经济困难学生认定等各子系统所没有的整体特性。对于政府主管部门、高校等客观实施主体，必须注重精准资助体系自身的整体性，才能做到统筹兼顾、前后衔接，将家庭经济困难学生培养目标、资助专职队伍培训发展等规划方案及建设标准纳入学生事务发展标准范围，使之与高校整个学生事务管理工作体系协同发展。

（四）必须突出体系实施的差异性

一方面，差异性主要针对实施过程中评价标准和评比指标的不同。无论高校学生资助体系发展完善的快慢，从各个子系统到整个体系，都需要分析各自主体不同阶段发展的特点，注重不同类别高校之间的差别。如随着大学生个性特征及个人社会背景日趋多元化，家庭经济困难学生认定标准需要关注城乡差异、地域差别、受教育背景差异以及贫富差距等现实问题；面对部属院校在教育质量、财政拨款、学科发展的绝对优势以及各省市地方高等教育整体质量的差距、财政的不均衡性，奖助学金评定指标、资助专职辅导员队伍建设指标在部属院校与地方院校之间以及不同省市地方院校之间都需要突出各自的实际差异。另一方面，任何体系在不同阶段都需要注重实施指标的差异，如奖助学金、国家助学贷款等经济资助，在资助标准、发放比例、覆盖范围等方面，根据社会经济水平发展及高等教育阶段性进展，在不同时期都要体现其差异性。

（五）必须保持体系信息的共享性

共享性主要体现在系统信息等数据的整合与共享。在资助体系及各子系统构建中，大量数据将通过信息系统进行操作完成。一是针对各类系统分散设立、重复建设、资源不共享等问题，将各地方助学贷款管理、奖助学金评审、办公在线管理等系统进行全国性信息资源的整合，创建统一、规范的高校学生资助教育资源共享平台，加快推进学生资助全过程电子化；二是对学生个体资助信息的录入、维护到汇总统计，对每笔奖助学资金划拨、发放到使用管理等数据及信息库的读取都增强前后关联度，高度保证一致性，不仅避免了重复录入，减少疏漏，更有效的实现了各级教育、财政主管部门及院校相关单位等各个实施主体之间的信息资源共享，提高了各个环节的实效性和整个资助工作的效率，实现了资助教育全过程资源共享。

（六）必须发挥体系构建的开放性

资助系统的开放性是建立在信息资源共享基础上的。伴随着"互联网＋资助"，精准资助体系构建将逐步深入推进，其信息数据的动态性与交互性并存，不仅要满足资助工作的现实需要和长远发展，也要为高等教育改革，大学生思想政治教育、成长成才等研究获取更为丰富的网络信息资源。通过发挥系统的开放性，不但满足大数据时代高校、学生及社会之间沟通的桥梁，让社会各方共同参与，提高对共享信息资源精准的控制，也能促进资助系统与大学生教育事务管理等其他系统进行信息的交换。同时，在系统开放过程中，强化网络监管，实现资助全过程公开透明，促进资助教育资源公平合理分配。

构建高校精准学生资助体系是一个长期、复杂的系统工程，是促进高校资助管理规范化、科学化的必然要求，也是加强高校学生高效管理的必由之路，需要国家、高校、学生以及社会多方共同努力。在构建高校精准资助体系过程中，严格遵循构建原则的前提下，更要注重加强各级组织的领导，要逐步提高经费保障，要不断建立健全各项规章制度，使资助工作从实践形态到经验形态、科学形态的依次转变，保障高校资助工作的可持续性发展，并为高校其他学生管理工作有效、科学开展提供新方法、新途径。

第二节　我国高职院校精准学生资助政策体系可持续发展构想及措施

针对我国高职院校学生资助政策体系所涵盖的各项资助措施存在的不足及对策建议，在第二章至第六章都进行了分项论述，其中存在的共性问题普遍表现在资助对象认定缺乏精准度、资助育人效果不强、资助政策宣传机制不健全等多方面，特别是随着发展性资助理念的转变和确立，以经济资助为主的"输血式"传统资助模式的局限性日益显著。从全员、全方位、全过程育人的角度出发，为了迎合马克思"人的全面发展"理论的本质要求以及构建我国高职院校精准学生资助政策体系需要，从而让大学生资助工作与我国高等教育人才培养目标完善相契合，结合我国高职院校精准学生资助政策体系的主要内容，只有加快大学生资助工作理念转变步伐，集中解决高校学生资助政策体系实践和发展中面临的突出问题，才能满足新时期家庭经济困难学生的多元化需求，稳步实现困难学生个体及困难学生群体的全面发展，逐步推动家庭经济困难大学生成长成才，切实促进高校学生资助政策体系可持续高效发展，从而达到我国高等教育公平与效率的高度统一。

一、提高困难认定精准度，推进学生个体资助资源均衡配置

改变目前单一的仅依据家庭经济情况证明、仅通过学校单方开展家庭经济困难学生认定格局，优化组合当前普遍采用的综合认定法及其他困难学生认定方法，积极探索并推进政府、学校、社会等多方联动，认定指标相对统一、认定效果公信力相对较高、认定操作性相对较强的普通高校精准家庭经济困难学生认定体系，切实提高困难学生认定精准度。有关精准开展高校家庭经济困难学生认定工作方法措施及体系建设规划，将在第九章专门论述。

在精准认定高校家庭经济困难学生身份，明确资助对象的基础上，在遵循"教育机会均等"及"高等教育成本分担理论"原则下坚持"按需分配"，即根据学生家庭经济实际情况及正常完成学业所需资助经费进行个体资助资源科学均衡配置，实现普通高校学生资助政策体系整体执行资助幅度与学生的家庭经济困难程度完全相适应。为规范流程、便于操作并强化管理，结合我国高职院校招生录取、帮扶资助、财政划拨等工作程序，可利用"认定资助六步法"达到困难学生个人资助科学合理配置，即预算学生接受教育成本、通算家庭承担成本强度、推算学生资助基本需求、测算自身资助配比组合、核算公布实施等额资助、估算资助效果定期调整。第一步，对学生接受教育成本进行预算，由国家级、省级学生资助管理机构或专门组建的普通高校大学生资助委员会组织实施（统称"大学资助委员会"），经地方政府及教育、资助等部门，会同中学教务部门及普通高校学生资助、招生等管理部门于高考录取至新生入学报到期间，根据新生被录取学校缴纳学费、住宿费、教材费等学习必需费用，在校军训服装费、置衣、基本医疗保险、水电费等生活必需费用，回家与返校之间交通、在校通信等相对固定费用以及必要的学习培训、休闲娱乐、日用品等非固定费用情况，并参考学校所在地城市最低生活保障标准作为在校最低生活费标准，预算出各学年学生个人所需承担的直接教育基本成本，为后期开展帮扶资助提供重要参考依据。第二步，对家庭承担成本能力进行通算，由大学资助委员会先根据学生父母、兄弟姐妹等家庭主要成员（不含已独立生活家庭成员）所从事主要职业的工资及补贴，从事第二职业、其他兼职和其他劳动所得劳动收入等工资性收入，从事生产经营活动（如开小店、摆小摊、家庭作坊、私营企业等）所获得经营净收入、存款利息、出租房屋收入、保险收益、股息与红利收入、知识产权收入等财产性收入以及政府对家庭主要成员个人收入转移的养老金或离退休金、失业救济金、赔偿等，单位对家庭主要成员个人收入转移的辞退金、保险索赔、提取的住房公积金等转移性收入，对学生家庭正常合法经济收入状况进行分类汇总统计，再根据家庭主要成员的食品、衣着、家庭设备用品及维修服务等基本生活费用开支，购房购车等大项费用支出，交友沟通、医疗保险、交通通信、文娱教育及服务、其他商品和服务等必需消费项目支出，对学生家庭正常合理支出进行整体合计计算，从而结合学生家庭正常合法经济收入状况及家庭正常合理支出状况，较为科学地确认家庭承担学

生接受高等教育经费能力状况，为准确计算出学生完成学业所需申请资助做好前期准备。第三步，对学生资助基本需求进行推算，在准确确定学生进入大学接受高等教育所需个人承担的直接教育基本成本以及家庭承担学生接受高等教育经费能力或能够支付最多的学生学习生活所必需费用的基础上，根据两者差额简单明了掌握每位困难家庭学生个体接受资助基本需求。第四步，对学生资助需求进行配比组合，并由学生自行测算后进行适当优化调整。首先由大学资助委员会会同学生就读所在院校资助部门，结合各学校掌控且能够使用支配的财政、学校、社会等各类资助资金总额度以及学生完成学业之资助具体数额需求，为每位申请接受资助的困难大学生确定可提供的与其困难程度相称或基本等额的资助金额和包含国家助学贷款、助学金、勤工助学、特殊困难补助、社会资助、学费减免、竞争性奖学金及其他资助项目在内的、各项资助措施基本配比最佳的"资助夹"（也可称"资助合"）。其次由学生根据家庭经济状况和自身个体意愿，对学校提供给个人"资助夹"内的资助项目进行选择并提出接受资助项目和资助额度调整申请；最后由大学资助委员会根据学生调整申请并结合学校整体申请状况决定是否调整，以便为每位家庭经济困难学生接受资助项目和资助金额实现最佳组合，充分发挥资助政策体系的最大效能，从而达到学生个体最佳组合资助方案；第五步，对学生资助方案进行核算公布并向学生提供组合资助，由大学资助委员会与高校分别就学生的个体组合资助方案向社会、学校进行公布，以便接受学校师生和社会各界的监督，为维护学生个人隐私，公布前须注意保护学生的个人隐私及有关基本信息。同时，根据学生各学年（或年度）专业学习进展需要及家庭经济状况，严格遵守财务相关规章制度，按照学生个体最佳组合资助方案中"资助夹"所包含项目按时向学生提供组合资助，既能确保每位学生得到及时、合理资助，又规范了学校各项资助资金使用与管理。第六步，对学生接受的组合资助效果进行评估，并根据评估结果及学生个人资助报告及时进行完善调整，同样由大学资助委员会与高校定期对学生接受组合资助的效果进行检查评估，并在评估的基础上形成学生个体组合资助方案执行报告。同时，要求学生就接受资助资金的使用、支配情况进行总结并提交学年（或年度）个人资助报告，在对比学校检查评估报告及学生个人资助报告的基础上，根据学生家庭经济状况变化及时做出调整并根据学生组合资助方案中的次年计划实施。

通过实施普通高校家庭经济困难学生"认定资助六步法"，提高了各项资助项目的整体统筹力度，规范了认定工作操作规程，增强了认定结果资助实效，达到学生个体资助资源均衡配置，避免困难学生获得重复资助或过量资助、平均分配等，既保证了高等教育资助需求量计算的精准性，也促进了高校资助资源的均衡分配，进一步实现了资助事业的相对公平。当然，积极构建由政府主导，学校及社会多方机构部门分工合作、上下联动、协同共治的资助事业管理格局是高校家庭经济困难学生"认定资助六步法"实施的前提。当前，我国正处于高等教育改革发展转型期，高校学生资助工作是一项艰巨、长期、复杂的浩大工程，只有贯彻落实并不断创新中央系列举措，全力发挥政府组织、社会组织和学校组织三方积极性、主动性，才能创造性地保障完善以"学生个体最佳组合资助方案"为核心内容，以学生个体"资助夹"为主要形式的普通高校学生资助新机制。

二、调整资助方式结构，促进无偿赠予向有偿资助的转变

当前我国普通高校实施的学生资助政策体系中，在资助形式上，各类奖助学金、大学新生入学资助、特殊困难补助、伙食补贴、学费减免、校内其他资助及社会资助都属于"无偿赠予"，而仅有勤工助学为"有偿资助"；在执行力度上，通过对比 2013—2014 年度全国普通高校资助政策执行情况，两年度发放的"无偿赠予"资助金额分别高达 370.01 亿元、455.34 亿元，占当年高校资助总额度比例分别达 64.45%、63.52%，而两年度通过勤工助学发放的"有偿资助"资助金额分别为 23.44 亿元、24.57 亿元，仅占当年高校资助总额度的 4.08%、3.43%，各年度发放的"无偿赠予"额度比当年的"有偿资助"额度分别高出 14.79 倍、17.53 倍。结合以"无偿赠予"为主要结构的高校学生资助政策体系，容易导致家庭经济困难学生产生惰性及"等、要、靠"依赖思想等弊端，并针对当前"无偿赠予"与"有偿资助"实施情况的巨大差距，应加快普通高校学生资助方式结构调整步伐，逐步降低"无偿赠予"在高校学生资助体系中的比重，并将其资助方式转化为"有偿资助"，使"有偿资助"成为高校资助体系中的主要资助方式。在具体资助项目上，勤工助学作为解决家庭经济困难学生生活、学习费用问题的最有效方式，也是大学生普遍认为解决生活、学习费用的理想方式以及自身具有的相对安全性、时间性和不影响学业等多种因素。首先，应立足校园，在保持一定量的体力型勤工助学岗位的基础上，大力开拓校内勤工助学服务型及技术型、学术型、研究型、智力型等知识类岗位资源，大幅度提高岗位设置规模及困难学生岗位酬薪标准，让积极参加勤工助学活动的困难学生切实得到更多的实惠。其次，对于具有享受助学金、学费减免、特殊困难补助及社会资助的困难学生，由学校先统一组织安排参加校内的"志愿服务"、义工锻炼及学校周边社区设立的"公益型"实践岗位并完成一定的量化任务、考核合格后，再兑现并享受相应的资助措施，即对相应的无偿资助措施通过附加一定的条件，并坚持"按劳分配"原则，从而实现"有偿服务"暨"有偿资助"之目的。再次，顺应新形势下普通高校学生"发展性"资助体系发展趋势，将大学生资助事业回归到高校人才培养的本位上来，对于大额奖助学金、社会资助、特殊困难补助等资助措施向困难学生就业技能培训、职业发展能力培育以及创新创业、高层次专业科技竞赛、学术研究等困难大学生素质提升项目重点倾斜，逐步将单纯的物质层面的无偿资助转向关注困难学生的就业能力、职业素养、综合素质等内在的提升，实现由"鱼"向"渔"的转变。通过"无偿赠予"向"有偿资助"的转变，使有偿资助取代无偿资助占据高校学生资助政策体系中的主导地位，让困难学生消除旧模式下"等、要、靠"及依赖无偿资助思想，不但使高校学生资助模式更加趋于完善，也促进我国高等教育改革进一步推进。

三、创新资助资金管理方式，促进提高资助经费使用效能

针对上级财政资助资金容易被学校私自挪用、扣押，学校提取资助资金不足额、不及时，社会资助资金管理不规范、不专业以及对学生资助资金后续跟踪管理缺乏、使用效益监督不到位等现象，应创新普通高校学生资助资金划拨发放管理方式，以便实现资助资金落实的精准度，从而进一步提高各项资助经费整体使用效能。

（一）统一规范各项资助资金转移支付方式，全面推行实施资助金集中管理模式

无论是上级财政资助资金、学校自行提取资助资金，还是社会统筹资助资金，改变目前转移支付体制格局，统一通过政府指令性行为或招标确定的经营性金融机构负责所有资助资金的归集。为切实压缩资金转移支付环节，加快资助资金拨付进度，提高转移支付效率，经确定的经营性金融机构所发生资助资金转移支付业务仅限制在国家级及省市级两级相应金融机构，并限期足额办理转移手续，如对于部属高校，中央政府财政性资金直接转移至最高级金融机构，财政部从学校学费或事业收入经费中按照提取的规定比例提取后再转移至同级金融机构，社会资助资金经学校财务部门，划转为财务专项资助资金后转移至同级金融机构；而对于省属或市属等地方院校，中央政府财政性资金通过最高级金融机构转移至省级金融机构，地方政府财政性资金直接转移至省级金融机构，省级财政部门从学校学费或事业收入中按照提取的规定比例提取后再转移至省级金融机构，社会资助资金经学校财务部门，划转为财务专项资助资金后转移至省级金融机构；同时，通过国家证监部门、保监部门等金融监管机构，加大各类各项资助资金转移支付、集中管理监管力度，并纳入财政资金动态监控范围，实行普通高校资助经费分账核算，按时转移支付，确保专款专用，从而实现普通高校资助资金转移支付的规范统一、管理集中，杜绝高校资助经费被挪用、提取不到位、管理不专业等问题。

（二）统一规范各项资助资金发放渠道，努力创建资助金直接发放机制

改变当前财政性资助资金、社会性资助资金通过学校转拨再发放至学生账号方式，在各类资助资金实现统一转移支付并集中管理模式的基础上，由负责转移支付资助经费的经营性金融机构，借助原用于国家助学贷款发放及回收而开发的"教育保障卡"（在第三章第七节已进行简要论述）直接发放至学生账号，即负责高校资助资金转移支付的最高级金融机构或省级金融机构按照学校审批提交的总体资助经费分配方案及学生个体资助配置计划直接将相应资助资金等额定时发放到学生银行卡——"教育保障卡"中，缩短资助资金发放过程中其他不必要环节，进一步加快资助资金发放时效，提高资助资金发放的精准度，切实维护了困难学生群体权益，从而避免了因学校有意推迟发放期限，学生丢卡（学校统一制作发放的普通银行卡）、补卡等诸多因素，导致资金发放不及时等现象，进而提升高

校资助资金直接发放机制的运行效率。同时，因"教育保障卡"还具有优先缴纳学费、住宿费等基本学习费用等功能，还可以进一步促进学生欠费催缴工作，从而提高学校对资助事业的主观能动性和积极性。

（三）着力加强学生资助金使用监管信息化建设，尝试构建全方位的资助资金监控信息反馈与沟通机制

发挥经营性金融机构在财务管理水平及软、硬件设备配置优势，加大对学生资助经费监管信息化建设，通过"教育保障卡"及学生在其他金融系统发生的资金流对学生资助资金使用情况进行时时跟踪、监控。根据学生接受资助资金情况及后期各项资助资金支出时间、金额与用途等消费清单进行汇总分析并形成学生个体资助资金使用支配年度报告，定期将有关监管信息如实传递至学生就读高校财务或资助部门，以便学校及时科学地调整学生资助经费分配方案。同时，对学生非正常资金使用的异常信息实行"预警提示"制度，由金融机构将学生个人支配年度报告及预警信息一同反馈给学生个人，以便学生及时了解掌握自身支配资助资金情况，并根据个人使用效果进行真实评价，为后期合理支配资助金提供可靠依据。综上所述，通过实施转移支付、集中管理、直接发放、信息反馈、预警提示"五步"资助经费管理体制，形成了多方主体责任明确、层层落实、环环相扣的工作机制，杜绝了资助经费被扣除、挪用现象，对分散的各类资助资金实现了有效整合，最终加强了高校资助经费的管理、发放、使用和监管力度，为管好用好高校各项资助资金打下坚实的基础。

四、注重增强全社会舆论引导力，拉进多方联动宣传工作机制

为做好建立健全普通高校家庭经济困难学生资助政策体系的落实和宣传工作，2007年6月，中共中央宣传部、财政部、教育部联合下发《关于要求各地和有关媒体加强建立健全家庭经济困难学生资助政策体系落实和宣传的通知》（中宣发〔2007〕7号），就普通高校资助政策宣传工作的重大意义、宣传重点、宣传形式等进行明确要求，对促进高校学生资助政策的顺利实施发挥了积极的推进作用。但随着时代发展和新形势下要求，特别是针对资助政策宣传工作过程与宣传实际效果中存在的不足问题，需要注重加强"四个"结合，以切实增强全社会资助政策宣传执行力度和舆论引导力度。

（1）在宣传时间上，注重大学入学后与入学前资助政策宣传工作的结合，将大学期间资助宣传工作关口前移，在初中、高中阶段就同步开展并加强学生资助政策宣传力度，让学生提早熟知自身该享有的受助权益，同时，在宣传节点上，把握中考、高考报名、录取及入学等敏感期加强宣传效果，并依此为宣传关键环节向前、向后拓展，将整个宣传工作时限延长，增强校内各个学习阶段资助政策宣传跨度，提高学生了解掌握资助政策的深度和广度，减轻部分中学生从低年级就因家庭经济困难而产生的挫折感及学习消极心理，增强勇于挑战困难、奋发攻读学业的信心。

（2）在宣传空间上，注重学校校园内与校园外资助政策宣传工作的结合，即在做好学校学生资助政策宣传工作过程中同时做好社会资助政策宣传工作，构建实施"由政府党政领导，宣传部门主导，相关职能部门统筹协调，社会力量积极参与"的社会资助大宣传工作格局，加大在社会上对高等教育学生资助政策宣传普及力度，特别是着力推进在西部山区、贫困乡村、偏远落后地区等"宣传盲区"的进展和效果，努力推动高校学生资助宣传工作走出校门、走出部门，走向社会、走向农村，逐步将政策宣传从"重城市，轻乡村"现状到"重乡村，轻城市"状态的转变，稳步提高全社会对包含高校学生资助政策在内的学生资助事业的知晓度、认同度和参与度，积极营造有利于高校学生资助事业健康发展的社会氛围和舆论环境。

（3）在宣传内容上，注重宣传重点与接受主体相结合。在学校，在校学生作为资助政策宣传教育接受主体，应围绕各项资助政策设置原则、实施目的、申请程序、用途监督以及资助政策体系整体执行完善情况、优秀困难学生典型事迹等内容进行重点宣传，通过开设资助政策解读第二课堂、专题讲座、辅导论坛等形式，让在校学生人人掌握每项资助措施的申请条件、办理步骤等，并通过身边的榜样，不断激励自身努力学习，积极培养自强不息、奋发进取精神；而在社会上，学生家长及社会团体、各界人士成为资助政策宣传教育接受主体，应围绕学校在读学生家庭经济困难情况、学生资助政策贯彻执行情况以及社会各界捐款资助情况等内容进行重点宣传，通过专项报道、主题活动、风采展示等形式，提高高校资助解困工作的影响力、关注度，引导社会各界产生强烈的反响与踊跃参与慈善事业的责任感，特别是高校学生资助政策体系作为我国城乡社会救助体系中的重要组成部分，应将高校学生资助政策宣传工作纳入全社会救助服务宣传工作，以不断健全的社会救助管理体制与宣传运行机制提高"社会救助措施宣传工作"与"高校资助政策宣传工作"两者之间的联动效应。

（4）在宣传载体上，注重传统媒体与新兴媒体相结合，进一步发挥报纸、杂志、电视、广播等传统媒体的资助政策宣传主体作用，通过借鉴并吸取新兴媒体的创新优势，以政策措施详细解读、济困个体典型报道、资助事件深度分析等视角进行资助政策广度研判，实现更好更优的传播效果，积极发挥主流传统媒体在资助政策宣传工作中应有的作用及影响力与报道力。同时，伴随着以互联网为龙头的新兴媒体蓬勃发展，用好用活网站、微博、微信、微电影、手机报等新媒体技术，依托各大公共媒体开发的客户端推送资助政策咨询服务信息，积极开展高校学生资助政策工作宣传。自2014年8月，中共中央组织召开中央全面深化改革领导小组第四次会议审议并通过《关于推动传统媒体和新兴媒体融合发展的指导意见》后，切实推进了传统媒体与新兴媒体的融合发展，应以此为契机，创建并通过拥有强大实力和传播力、公信力、影响力的新媒体"集成块"，构筑"立体式"宣传大平台，实现新媒体宣传信息系统集成整合，将高校资助政策宣传工作同其他宣传工作一起巩固"一体化"宣传教育阵地，并注重增强正能量舆论引导，形成传统媒体与新兴媒体高度衔接、宣传资源配置高度优化、宣传舆论效果最佳的新态势。另外，通过新媒体平台对大学生资助工作进行大力宣讲，更能够扩大资助政策的社会影响力和覆盖面，形成学校、社会和家庭经济困难学生本人及其家庭共同支持的高校家庭经济困难学生资助工作的合力。同时，把新媒体当做日常性工作平台，利用新媒体手段来开展工作，将知识共享转变为价值共享、精神共享，提供可以传达价值观的、影响学生思想的内容，大力宣传社会主义核心价值观等主流思想，进一步丰富、拓展大学生资助育人工作新途径和新方法。

通过注重学生资助政策宣传时间、空间、内容及载体"四结合"，形成多方联动、全员参与、上下衔接、内外配合、健康运行、持续发展的高校学生资助政策宣传教育工作机制，使资助政策宣传传播效果达到最大化。

五、着力发挥资助育人功能，促进发展性资助培养模式进程

针对高校学生资助育人工作存在的缺失，应努力推动"三个转变"，以积极推进资助育人工作成效，切实发挥资助育人于无形的特殊功效，逐步形成全新的高校大学生思想政治教育新模式。

（一）与时俱进，全面提高高校学生资助育人工作的重要性与紧迫感

"资助是手段，是基础；育人是目的，是核心"，为此应适应形势需要，切实转变高等教育学生资助事业发展理念，统筹规划普通高校学生资助工作大局，将大学生资助工作放到整个高等教育教育人、培养人的层次上来考虑安排，改变目前单纯重视家庭经济困难学生经济资助、物质帮扶的传统做法，进一步提高大学生资助工作育人功能重要性的认识，切实在政策制度、人员编制、场地安排、经费划拨等方面给予优先支持，保障满足高校学生资助育人工作发展现实需求，使大学生资助工作成为高校育人教育的重要阵地之一。通过加强大学生资助育人功能促进大学生思想政治教育工作，并通过大学生思想政治教育工作发展带动大学生资助育人功能，从而构建多位一体的大学生资助育人长效体系，积极引导困难大学生向好的方向发展，并激发其上进潜能，促进其全面发展。

（二）突出主题，稳步提升高校学生资助育人教育功能实效

针对困难大学生群体思想政治教育现状及存在的实际问题，应以心理健康、励志感恩、诚信立业为"三大着力点"重点加强主题教育提升活动。首先，通过定期开展心理健康知识普及教育、及时组织心理疾病排查及治疗、广泛开展心理咨询与辅导等措施，着力加强困难学生群体心理健康教育，促其摆脱贫困阴影，走出心理弱势，逐步克服"经济贫困"和"心理贫困"双困局面，不断增强自信心。其次，通过扩大校内外勤工助学岗位设置比例、拓宽创新创业平台等措施，为困难学生全部提供勤工助学、创新创业实践锻炼机会，并纳入学校学生资助发展基金机构或社会公益与服务组织，着力加强困难学生群体励志感恩教育，以自身参与、亲身感受，磨炼其意志、增长其才干、提高其能力，同时通过接受

感恩回馈教育，使其更有善心，更懂得珍惜和感恩，为走上社会、成就事业打下坚实基础。再次，通过完善大学生诚信等级认定及评估机制，建立事前教育、事中监督、事后处罚的全过程大学生非诚信行为防范体系，大力宣扬诚信企业典型事迹及诚信优秀校友个例等措施，着力加强困难学生群体诚信立业教育，以切实提高困难学生内在修养，坚定其道德信念，不断以更加严格的个人修养来约束自己的行为。最后，以学习实践中国特色社会主义理论体系为核心内容，坚持把社会主义核心价值体系融入困难大学生资助育人教育工作全过程，根据困难学生群体年龄阶段和年级特点，有步骤、有计划、有层次地组织加强文明修身、生涯规划、生命与挫折、成才与就业、创业与就业、社会适应等专题教育，引导困难学生坚持知行统一，从而体现整体困难学生资助育人工作的针对性、引领性和实效性。

（三）开拓创新，大力构建高校家庭经济困难学生"持续发展性"资助模式

准确把握、持续创新并健全完善以包含实质内涵、构建原则、实施类型及运行保障等为主要框架的发展性资助体系。首先，在实质内涵上，在保障经济资助的前提下，结合困难大学生群体发展共性以及就读学校层次、办学特色、地方特色及学生个体实际水平与发展需求，以促进家庭经济困难学生成长成才为导向，以"持续发展"为核心，通过精准制订资助规划、科学设计资助项目、周密实施资助计划、合理配备资助队伍、协力整合资助资源，在学校及社会上为困难学生积极创造实践锻炼机会和平台，不断激发其自主成才的潜能和动力，从而提升个人综合素质，从精神上和能力上实现脱贫。其次，在构建原则上，应遵循主体性、实践性、普及性、持续性"四大原则"。"主体性"即充分尊重家庭经济困难学生的主体地位，坚持以困难学生为重、以困难学生为先、以困难学生为本；"实践性"即以促进困难学生个人发展能力提升为关键，注重加强学生亲身实践锻炼，通过自身体验、主观努力推进其综合发展，而不是依靠灌输知识、单纯发展理论来实现；"普及性"也可称之为"差异性"，即以困难学生群体共性为前提，充分考虑不同学校层次、不同年龄年级甚至不同地域困难学生个体特点、真实水平和实际需求设置资助项目，才能提高发展性资助项目的针对性，达到理想资助效果；"持续性"即对困难学生综合能力提升不仅停留在毕业求职、就业发展等短期规划上，而应注重解决学生未来社会担当、长远发展等长期职业生涯规划上，并随着形势发展、时代变化及时进行调整与完善，保持发展性资助体系稳健运行、可持续发展。再次，在实施类型上，按照发展性资助具体形式，可包含五种主要类型。第一种为"宣传教育暨励志培育型"，即从困难学生发展需求角度考虑，践行"人心向学"理念，对困难学生接受传统的奖助学金等"无偿赠予"转变到"有偿资助"过程中及受助后强化励志感恩、模范典型、成长成才教育，增强其自助、立志意识，充分发挥经济资助的综合育人功能；第二种为"实践锻炼暨技能提升型"，即通过拓展学校内外空间资源，为困难学生提供力所能及或与专业技能相关、相近的岗位进行亲身实践、见习和实习等，在获取一定劳动报酬的同时，使学生在完成学业同步中提升自身工作技能、丰富工作经验并提高就业竞争力，既能扩大帮"困"的外延，又能提升助"学"的内涵；

第三种为"能力培养暨素质增强型"，即以增强综合素质为发展性资助育人关键，为困难学生免费开展或优惠提供素质拓展、能力提高、创业培训平台，或帮扶鼓励困难学生积极参加基层志愿服务计划、专业技能竞赛等社团活动，以此培养社会适应能力，增强自身综合素质，从而促进困难学生个性发展和综合能力，特别是提高未来摆脱困难自助能力；第四种为"学术引导暨研究育智型"，即将培养困难学生独立思考和钻研学术的能力作为资助育人重要内容之一，"科技发达国家的高等教育重心已转移到人才培养质量的提高上，与之相适应的教学和科研的联系日趋紧密，大学生参与科学研究已发展成为普遍提高未来专家队伍素质的有效手段"，为此，着力注重并组织困难学生以个人或团队形式主导开展学术研究、项目申报及技术开发等以及组织实施境外游学项目、海外中短期学术培训计划等，并通过专项基金或校企联合给予经费支持与鼓励，不断激发困难学生主动参与科学研究的积极性和创造性，扩展其国际视野，提升参与国际竞争能力，进一步培养困难大学生的科学素质、文化素养和创新精神；第五种为"成功助力暨职业发展型"，即积极挖掘困难学生专业特长、个性优势及创新潜能，综合统筹协调政府部门、知名企业、成功校友、实力团体及国际著名高校等建立多层次、广覆盖的困难学生职业发展合作体系，通过邀请各行业资深人士为困难学生开设"职业大讲堂"系列论坛，聘请各职场资深人士对困难学生进行"一帮一"职业生涯咨询辅导，鼓励大财团及基金组织对困难学生提供创业启动基金、无息或低息贷款，联合国内外著名高校开展特岗硕士、博士研究生培养计划，协调地方政府部门安排基层服务项目就业特岗专项等，全面加强困难学生职业长远发展指导的针对性和帮扶的实效性，真正助力困难学生生涯发展，为未来成功人生奠基。最后，在运行保障上，不断建立和完善运行保障体系是"持续发展性"资助模式规范管理的关键，也是推进"持续发展性"资助体系顺利高效运行的重要保障。根据发展性资助体系需求，运行保障体系主要包含组织、制度、经费及评估四方面，即加强组织领导建设、完善规章制度建设、加大专项经费投入，为满足困难大学生发展性资助体系各个环节的组织管理、协调部署、高效运行提供强有力的组织保障、制度保障及经费保障，同时，健全发展性资助体系评估考评机制，对困难大学生"持续发展性"资助模式的运行环境、运行管理、运行保障、运行效果等定期进行评估和观测，并从相关维度进行科学评价，不断增强评估结果的信度和效度，从而促进发展性资助体系持续完善和发展。总之，通过构建实施"持续发展性"资助模式，让困难大学生真正实现从物质脱贫到素质能力脱贫，使高校资助工作切实成为高校"育人"的有机载体和重要手段，并使之真正促进教育公平、真正回归到高等教育人才培养的本位上来，最终推动高等教育进一步发展。

通过增强高校学生资助育人工作重要性的认识、稳步提升资助育人教育功能实效、积极优化创新"持续发展性"资助模式的构建，真正把开展学生资助育人教育工作作为高校大学生进行德育教育的一个重要手段，把培育"四有"公民贯穿于学生资助工作的始终，并把能否让学生在接受经济资助过程中受到教育，纳入衡量高校大学生思想政治工作成果、评定高校困难学生资助工作质量的一个重要标准或考核指标，切实促进实现高校学生资助工作的育人化，充分发挥高校学生资助政策"阳光育人"作用。

六、实施资助政策执行监测与评估，跟进配套措施的改进与衔接

开展高校学生资助政策执行监测与评估是践行教育公平理念的重要举措，也是实现困难大学生资助公平性的重要保障。在王世忠编著的《大学生资助政策执行效果评估研究》一书中，基于对大学生资助需求选择了资助政策知晓度等四个维度进行了基本评估并构建了对大学生资助政策执行效果评估的指标体系。曲绍卫等人发表的《高校大学生资助管理绩效评估研究》一文中，基于中央直属120所高校大学生资助管理绩效进行的实证评估分析，通过采用德尔菲法提出包含3项一级指标、9项二级指标和32项三级指标在内的高校大学生资助管理绩效评估指标体系。而在曲绍卫等人发表的《我国省级高校大学生资助工作绩效评价研究》一文中，基于全国36个省级高校学生资助工作的管理部门作为参评单位，构建了包含6项一级指标、22项二级指标在内的省级高校大学生资助绩效评价指标体系，为我国高职院校大学生资助政策实践提供了实证依据，但无论是对大学生资助政策执行效果进行的评估，还是对中央直属高校或省级学生资助管理部门绩效进行的评估，就我国普通高校大学生资助政策体系整体执行贯彻情况而言仍过于单一，需要构建一个更加全面、更多层次、更多维度的全国高校学生资助政策执行监测与评估体系，以期更加客观系统、科学真实、及时准确地反映资助政策贯彻执行程度、资助困难学生广度以及促进学生学业能力深度、提升学生成才成长影响力度等情况。

政策监测与评估作为一项有力的公共管理工具，被认为能用于促进政府和组织达成政策实施的目标。伴随着公共管理理念和价值的不断重塑，政策监测与评估领域发生了一场从传统实施为本的方式转化到新的结果为本，进而转化到覆盖政策决策、执行与影响的全程监测与评价。就教育领域而言，由于与公共管理理论发展和实践相一致，为此教育政策监测与评估的关注点也从执行到关注结果以及到现在的关注政策决策、政策执行和政策影响的"三位一体"。但与国外相比，在国内有关教育政策监测与评估研究尚属新兴领域，专门的、系统的相关研究还较为薄弱，特别是高校学生资助政策作为教育政策的重要组成部分，其监测与评估的研究及实践更是少之甚少。高校学生资助政策执行监测与评估体系是指以普通高校和省级高校学生资助工作管理部门为监测与评估对象，依托第三方社会组织或专业研究机构负责完成，对大学生资助政策实施过程进行全面、科学监测与评估，通过利用一切可行的技术和手段收集资助政策执行全程中的相关信息、掌握第一手的资助政策运行数据，并以此为基础，对大学生资助政策执行情况进行科学的分析和论证，依据监测与评价结果及时调整资助行为，纠正资助政策执行过程中的偏差，为政府的资助政策决策活动提供基础性、科学性保障，从而继续展开完善大学生资助政策执行过程，使资助行为更加精准地服务于资助政策目标的实现，最终达到大学生资助资源合理、公平配置，进一步提高高校学生资助政策体系持续发展的变动性、健全性。为建立健全动态、立体、高

效的高校学生资助政策执行监测与评估体系，切实推进并实现对大学生资助政策的良性监测与评估，亟须注意并采取以下四方面的主要问题或措施。

（一）强化创建高校学生资助政策执行监测与评估体系的重要意义和重大价值

一方面，自 2007 年我国开始建立健全高校大学生资助政策体系至今，历经"十一五""十二五"近十年的发展，普通高校学生资助政策日趋完善，切实推进了教育公平实质进展，但毫无疑问，当前我国对高校学生资助政策的执行缺乏有效的监测与评估，使之严重影响了大学生资助政策完善与执行的科学化、绩效化、持续化；另一方面，随着《国家中长期教育改革和发展规划纲要（2010—2020年）》后半阶段的深入实施，特别在"十三五"开局之初，加强对高校学生资助政策执行的监测与评估更是新时期高等教育改革与大学生资助事业发展的迫切需要。教育政策执行过程都或多或少地存在一定程度的偏差——"行为效果偏离政策目标并产生了不良后果的政策现象"，而开展学生资助政策执行监测与评估是对高校学生资助政策贯彻落实情况进行监控、纠正政策执行中的偏差、消除政策执行后产生的不良后果的最有力工具，更是实现高校学生资助政策决策规范化、公正化、目标化的迫切需要。2015 年 3 月，国务院总理李克强在第十二届全国人民代表大会第三次会议上明确提出"全面推进依法治国，加快建设法治政府、创新政府、廉洁政府和服务型政府，增强政府执行力和公信力，促进国家治理体系和治理能力现代化"，全国上下正在努力建设一个法治、创新、透明和服务型的政府。在此大背景下，从中央到地方各级政府就需要了解掌握学生资助等教育政策执行的具体状况和实际效果，依此提高各级政府的宏观管理绩效，从而促进政府职能的转变。除此之外，要实现政府职能转变，还需施以配套的问责制度，"问责制是一个系统化的责任追究制度，包含全力授予、明确责任和全面实施体系化控制三方面的内容，体现了权力与责任、义务的平衡"，当前，包含大学生资助在内的教育领域缺失完善的问责机制，极易造成教育公共权力的滥用、教育资源分配的不公及教育效率的低下等问题，鉴于此，对学生资助政策执行情况进行监测与评估能够及时、有效地消除高校学生资助政策执行过程中的资助资源分配不公、权力异化甚至资金滥用、腐败违纪现象，进一步形成问责机制，提高整个大学生资助政策的透明性、合法性、清廉性。

（二）科学确立高校学生资助政策执行监督与评估客体及其实施主体

政策学家帕顿曾说："政策的实施和评估经常由相同的主体来进行，也就是政府官员，他们一边行动一边观察，一边观察一边行动，把计划的执行与对结果的理解相结合，以便加强或改变计划的内容；政策过程的参与者既是他们所实施计划的评估者，又是他们所评估计划的实施者。"针对高校学生资助政策涉及办学不同层次、不同类型，归属不同体制的复杂高等教育政策系统，接受高校学生资助政策执行监督与评估客体是多元化的，就当前我国高职院校学生资助政策运行机制，监督与评估客体分别为省级高校学生资助工作管理部门、中央部属高校、地方普通院校三大主要客体，其中地级及以下地方政府所属学生资助工作管理部门,由于职责多样性、多层性,除进行必要的政策落实检查监督及绩效考评,可不列入高校学生资助政策执行监测与评估主要客体或非主要客体;地方普通院校指隶属各省市、主要依靠地方财政供养的省级与地级地方普通院校及省部共建院校等;受资助的家庭经济困难学生及其家长,作为资助政策贯彻落实的最大受益者、政策执行状况的最终知情者、政策实施效果的最佳反馈者,在开展高校学生资助政策执行监测和评估过程中需要接受对资助政策知晓度、对获得资助机会的执行度、对政策执行总体的满意度、对个体学业影响的水平度、对自身长远职业发展和能力提高的持续度等相关调查或统计,可以说在监测与评估各个环节中都需要困难学生的参与及配合,为此在一定程度上来说,困难学生及其家长可列入高校学生资助政策执行监测与评估非主要客体;全国学生资助管理中心是国家级高校学生资助工作管理部门,是高校学生资助政策主要的制定者、实施者,也是资助政策的执行者、监督者,虽与省级高校学生资助工作管理部门一同具有"运动员""裁判员"的双重身份,应该接受对资助政策执行状况的监督与考核,但作为当前唯一、最高层次的高校学生资助工作政府职能机构,且为了将更多的精力和物力投入其他主要客体的监测与评估,并规避资助政策执行监测与评估过程中的"不公正"现象及其他主观消极因素,可不再列入高校学生资助政策执行监测与评估客体之内。

教育政策执行的监测与评估是一项专业性极强的活动,一方面,包括专业机构、专业人员、专业方法、专业知识和技术、专业程序等一系列要素,其目的是对教育政策执行过程进行全面、科学的监测与评估;另一方面,专业的监测与评估机制的主体是以教育政策专业机构(包括教育政策的专业组织和专业研究机构)和教育政策的执行者等两类主体合作为主,以社会监测(包括公众和大众媒体)为辅的"复合型"监测与评估主体。为此,开展高校学生资助政策执行监督与评估实施主体,应为具有第三方性质、类似专业性、跨部门、"复合型",并专门针对普通高校学生资助政策执行进行监测与评估的社会机构,如成立"全国高校学生资助政策监测与评估中心""国家大学生资助政策监测与评估研究所"等组织,其实施主体构成人员主要来源于各级政府的教育与资助、财政与审计、纪检与监察行政部门及其督导部门有关人员,各层次高等院校资助、财务职能机构有关人员及其一线专职教师和受资助困难学生,有关金融保险服务组织专业人员以及其他相关机构的兼职人员等,同时,被信息时代誉为"第四种力量"的大众媒体已强势介入教育政策,特别是教育政策执行的监测与评估过程。因此,也应将大众媒体等公众社会组织或人员纳入其实施主体,实现多方主体协调合作,以有效弥补其他实施主体的不足。通过组建独立的第三方高校学生资助政策执行监测与评估机构,强化了监测与评估实施主体职责及功能,改变了政府部门、高等院校等任何机构或组织既当运动员又当裁判员的双重身份,进一步发挥监测与评估各个环节的效力,切实确保学生资助政策执行监测与评估目标的实现。

(三)合理构建高校学生资助政策执行监测与评估体系基本架构

为了保证高校学生资助政策的有效实施,应将学生资助政策执行监测与评估作为资助政策制定与推行过程中的重要部分。针对当前我国公共教育政策过程以自上而下的"线性模式"为主，监测与评价在政策过程中发挥的作用非常有限的现状，并结合世界银行等国际组织通过实施以"政策目标最大化"为导向、将监测置于整个政策过程中的中心位置的"周期循环模式"对教育政策过程进行监测与评价，以便及时反馈各种相关信息，给政策制定者、实施者提供决策依据，并通过评价确定政策预期结果与实际结果的关联度和达成度以及政策执行效率、效益与影响力、可持续性等典型做法，我国高职院校学生资助政策执行监测与评估体系，应立足大学生人才培养目标需求和困难大学生资助事业实际，以"以人为本，资助育人；共享领导，持续发展"为理念，按照"全面、协调、共享、可持续"和"科学化、系统化、专业化、中国化"的思路，并遵循"规范性、公正性、有效性、合法性"的原则进行构建。

在普通高校学生资助政策执行监测与评估体系各子系统中，组织保障体系是资助政策执行监测与评估的基础，只有从各级政府层面，特别是国家层面上夯实各项组织保障的落实，才能推动监测与评估各项环节向前迈进；管理运行体系是资助政策执行监测与评估的前提，只有采取正确的运行方式方法、合理的监测技术以及科学的程序与步骤等，才能直接或间接获得需要监测与评估的现实信息，从而提高学生资助政策执行监测与评估活动目标的指向性和真实性。质量指标体系是资助政策执行监测与评估的核心，指标体系涵盖内容的全面性、层次分类的清晰性、框架结构的合理性，直接关系到监测与评估质量的好坏，只有严格遵照监测与评估思路和原则，通过多种形式进行充分酝酿和讨论，才能确定构成高校学生资助政策体系与大学生资助事业可持续发展的指标体系。规章制度体系是资助政策执行监测与评估的保障，是资助政策执行监测与评估体系赖以运行的体制基础，为监测与评估创建规范、良好的运行环境和发展环境，并有效推动高校学生资助政策执行监测与评估活动质量不断提升。

（四）精准设计高校学生资助政策执行监督与评估指标要素

高校学生资助政策执行监测与评估体系关键环节是开展学生资助绩效评建评估实践与研究，其中指标设计是否科学合理、准确全面，将直接关系到整个评建评估结果的真实性和客观性，更是获得有效评建评估结果的重要先决条件。根据多年的学生资助督查督办、绩效考评工作实践，并参照德尔菲法等特点，针对不同的学生资助政策执行主体，分别确定了以省级高校学生资助工作管理部门为主要评估对象的地方高校学生资助管理部门评建评估指标体系以及以中央部属高校、地方普通院校为主要评估对象的普通高校学生资助管理评建评估指标体系。两大指标体系皆按100分值计，其中地方（省级）学生资助管理部门评建评估指标体系由5项一级指标、15项二级指标和49项三级指标构成；普通高校学生资助管理评建评估指标体系由6项一级指标、18项二级指标和68项三级指标构成。

无论是地方高校学生资助管理部门评建评估指标体系，还是普通高校学生资助管理评建评估指标体系，在权重占比上，各类资助经费发放落实、经济资助过程以及学生的客观评价、对学生学业的影响，特别是资助育人总体效果、理念提升上都占较大比例，以体现普通高校学生资助工作的任务目标及实施重点，并引导各级政府资助管理部门及各类高校在建立健全大学生资助政策体系过程中，更加注重优化困难学生资助方式结构、增强资助工作育人效果、加大资助工作过程监督、健全资助工作问责机制、创新资助工作运行模式、转变资助工作发展理念，实现普通高校学生资助工作整体质量大提升，从而充分发挥大学生资助工作评建评估体系的指导价值和战略意义。有关高校学生资助工作评建评估结果分制等级划分及应用，可参照我国高等学校本科教学工作水平评估等级、相关教育政策或其他有关政策执行效果监测与评估等级划分方法，以百分制或等级制形式组织实施，本章不再详细论述。

七、加快资助信息化建设，并实行"互联网＋资助"行动计划

所谓"互联网＋"，是指以互联网为主的新一代信息技术（包括移动互联网、云计算、物联网、大数据等）在经济、社会生活各部分的扩散、应用与深度融合的过程，其本质是传统产业的在线化、数据化，对人类经济社会将产生巨大、深远而广泛的影响。而普通高校"互联网＋资助"，即指借助国家实施"互联网＋"行动计划总体思路，以改革创新激发大学生资助事业发展的持续性，通过互联网等新一代信息技术与现有的高校学生资助政策体系深度融合，使互联网运行模式深入大学生资助管理、教育及服务全过程，促进形成大学生资助资源合理配置、资助育人成效显著、政府职能发挥优良、整体资助过程畅通的新局势，切实实现大学生资助智能化、信息化、科技化的高校学生资助发展方式，从而全面推进大学生资助事业发展新常态。"互联网＋资助"拥有巨大的信息布局网，可以借助网内自建或原有的"众包"平台，以不同途径或方式对家庭经济困难学生申请认定、等级调整，资助资金审核发放、使用监督，国家助学贷款划拨到账、本息偿还以及主题教育实施开展、育人效果，资助政策疑惑解答、意见征询，相关数据分类汇总、定期报送等过程进行大数据分析，由此实现政府、学校、社会及学生个人等多方即时互动与"一网通"，并满足各方工作需要与创新需求。既节约了各个环节办公成本和运行时间，又加快了资助资源优化配置，提高了大学生资助管理的精准度和透明度，也夯实了大学生资助管理网络发展基础，提升了整体高校学生资助服务水平。为制订做好并顺利实行普通高校"互联网＋资助"行动计划应注重以下四个方面的问题：

（一）强化制订"互联网＋资助"行动计划的重要意义和紧迫感

继 2012 年国家财政性教育经费支出占国内生产总值比例达到 4% 后，在 2014 年、2015 年全国"两会"政府工作报告上，国务院总理李克强连续两年明确提出"促进教育事业优先发展、公平发展；继续增加中央财政教育投入，提高使用效率并强化监督"。同时，高校学生资助工作作为高校学生工作的重要组成部分，早已成为体现教育公正公平、维护

高校和社会稳定的重要举措，为此，新形势下，大学生资助工作只能加强、不能削弱，只会加强、不会削弱，而通过实施"互联网＋资助"行动计划，对加强和改进高校学生资助工作，推进高校学生资助政策体系持续健康发展，具有非常重要意义。第一，这是及时应对高校学生资助工作自身发展的内在要求。随着财政性等各类经费投入力度、大学生资助幅度和资助标准日益增大，高校学生资助工作在家庭经济困难学生认定、各类奖助学金评选发放、国家助学贷款本息回收、困难学生综合素质培训培养等方面也出现了许多的新情况和新问题，需要得到进一步完善和规范，而"互联网＋"为解决诸多问题提供了最佳方式。第二，这是积极迎合高校学生资助工作面临的大局势的迫切需要。做好高校学生资助工作，必须充分认清全面提升大学生思想政治教育工作水平、提高高等教育人才培养质量赋予学生资助工作的新使命，充分明确全面改进和优化高校学生资助工作提出的新要求，而通过"互联网＋"能够协调推进"精准资助""持续发展""有偿资助"以及资助育人、结构调整等高校学生资助政策体系长远发展的新形势、新要求，促进推动把大学生资助工作融入高等教育人才培养及城乡社会救助体系等任务目标之中。第三，这是努力推进传统媒体转型升级的最佳契机，高校学生资助政策体系自初期建立至今，利用电视、广播、报刊等传统媒体取得快速发展与提升，并随着互联网和移动互联网等新媒体平台以不同的渠道不断提升自身的探索，但其效果却不尽如人意，无法真正实现资助资源高效配置、资助与育人协同发展、资助与受资助主体信息互动。而"互联网＋"作为一种能够促进传媒新业态出现的力量，能够加速推进传统媒体进行新一轮转型，通过互联网激发高校学生资助体系各平台之间的资助信息需求，并主动将各类资助信息传播到其他各个资助过程或运行环节，更重要的一点是与传统媒体相比，"互联网＋"作为助推自身创新改革的引擎器，能够根据各资助主体发生的网络数据，进行数据信息的收集、分析和整合，并经全方位、深层次处理后，实现数据信息完全共享，消除大学生资助工作管理、教育等在不同行业间的障碍。

（二）组织实施"互联网＋资助"行动计划时机已基本成熟

就单纯"互联网＋"作为一种新的社会形态代表，通过充分发挥互联网在社会资源配置中的优化和集成作用，将互联网的创新成果深度融合于普通高校学生资助的时机已基本成熟。2012 年 11 月，时任易观国际董事长兼首席执行官于扬在易观第五届移动互联网博览会上首次提出国内"互联网＋"理念。2014 年 11 月，国务院总理李克强出席首届世界互联网大会时指出"互联网是大众创业、万众创新的新工具"，其中"大众创业、万众创新"被称作我国经济提质增效升级的"新引擎"。2015 年 3 月，在全国"两会"上，全国人大代表马化腾在提交的以"互联网＋"为重要主题的议案中，提出应以"互联网＋"为驱动，推动国家经济和社会的创新发展。随后，国务院总理李克强在十二届全国人大三次会议上作的政府工作报告中首次提出"互联网＋"行动计划，决定推动移动互联网等与现代制造业结合，积极引导互联网企业拓展国际市场；同年 7 月、12 月，国务院、工信部先后印发了《关于积极推进"互联网＋"行动的指导意见》《工业和信息化部关于贯彻落实〈国务院关于积极推进"互联网+"行动的指导意见〉的行动计划（2015—2018年）》，正式推动互联网由消费领域转向生产领域拓展，切实增强各行业的创新能力，并明确提出全面提升对"互联网+"的支撑能力，到2018年，建成一批全光纤网络城市，4G网络全面覆盖城市和乡村，80%以上的行政村实现光纤到村，直辖市、省会主要城市宽带用户平均接入速率达到30Mbps。在2015年12月浙江乌镇开幕的第二届世界互联网大会上，国家主席习近平明确指出，我国正在实施的"宽带中国"战略，到2020年，全国宽带网络将基本覆盖所有行政村，打通网络基础设施"最后一公里"，会让更多人用上互联网。随着"互联网+"的兴起与发展，"互联网+"已应用到工业、农业、金融、旅游、商贸、交通、政务、医疗等领域，通过利用信息通信技术及互联网平台，让其与原有的传统行业进行深度融合，起到了很大的升级换代作用，特别是"互联网+"应用到整个教育领域后，凭借信息化及移动互联网技术的力量扶摇直上，实现了教育数字化、多媒体化、网络化和智能化，"互联网+"作为教育变革的新的契机，使教育普遍被认为是未来互联网行业最受关注的领域。另外，在"互联网+"这一新型教育模式下，教育资源倾斜、教育公平等问题都能够跨越时空限制，实现优质教育资源共享，使城乡学生受教育机会尽可能平等。而高校学生资助工作是高等教育人才培养的有机组成部分，更是高校隐性德育资源及教育资源公平分配的重要一环，为此，在"互联网+教育"推动下，促使我国教育迈向4.0时代的同时，也为我国高等院校"互联网+资助"提供了最好的发展时机。

（三）科学确定"互联网+资助"行动计划基本框架

基于上述实施"互联网+资助"行动计划的发展目标，普通高校"互联网+资助"行动计划应着力于十个方面的内容：一是着力增强资助政策宣传力度，实现全国城乡资助政策宣传全覆盖，做到各项资助措施人尽皆知、家喻户晓；二是着力推进困难学生资格认定，实现家庭经济困难学生精准认定及等级划分；三是着力规范各类资助经费发放程序，实现大学生资助资源均衡配置；四是着力加强大学生资助资金使用与监督，实现学生个体违规违纪支配资助资金预警及指导功能；五是着力加快健全国家助学贷款"多元化"回收机制，实现大学生国家助学贷款本息催收和追缴多级联动，确保大学生助学贷款回收率；六是着力强化大学生资助育人效果，实现大学生资助育人效果最大化及最终人才培养目标；七是着力建立健全家庭经济困难学生家校融合育人机制，通过创建家校良性互动以及"助子共成长"微博、微信等新媒体，实现家校线上、线下交流沟通常态化；八是着力构建大学生资助资源整合共享机制，实现不同行业、不同层次、不同主体间的各类资助信息同步、各种资助资源共享；九是着力扩展大学生资助办公系统自动化及服务功能，实现集管理、教育、服务等各类资助数据信息于一体的"一网通"；十是着力推动大学生资助政策执行监测与评估工作，实现绩效评价科学、监管问责及时、激励奖惩合理、措施执行到位的大学生资助新格局。

（四）注重创建"互联网＋资助"行动计划应遵循的基本原则

为进一步加快"互联网＋资助"在高等教育领域的应用，创建"互联网＋资助"行动计划应遵循以下四大基本原则：

1. 推动实施计划必须加强基础设施建设

"互联网＋"的动力在于云计算、大数据与新分工网络，其前提是互联网作为一种基础设施的广泛安装，为此，推动实施"互联网＋资助"必须集中物力、财力夯实基础设施建设，加快全国，特别是中西部、乡村等落后地区新一代信息基础设施扩建工程，大幅提升宽带网络速率，优化应用基础设施布局，加强教育、财政、民政、金融等相关部门基础设施的对接与融合，从而提高"互联网＋资助"整体应用运行能力。

2. 计划主导组织必须满足各方主体需求

实施普通高校"互联网＋资助"行动计划的目的是提升以困难学生经济资助和成长育人为中心的大学生资助总体效能，基于全国高校大学生资助政策执行现状，在整合政府、学校等跨层次、跨部门的互联互通的统一"大学生资助公共服务平台"过程中，更要始终高度重视各平台中公共资助数据信息资源的开放共享，以满足各级政府资助管理部门、各层次办学院校、各类学生及其家长、各界社会组织的需求，推进政府资助部门与普通高校大学生资助工作一体化提升。

3. 行动计划资源信息必须确保高度安全

实施"互联网＋资助"行动计划主要任务之一就是最大限度地保障学生及其家长、社会对资助资源分配的知情权，但在充分保障大众知情权、实现信息资源合理公开利用的同时，更要加强学生个人及其相关数据的隐私保护，以保证学生个体隐私等信息不被泄露。为此，实施"互联网＋资助"计划过程中要明确界定保密数据信息和公开数据信息的界限、期限及用户范围，并加大保密信息的安全性、扩大公开信息的开放性，最基本一点就是加快做好网络信息安全、个人信息报告、网络交易监管、技术保障服务、道德自律修养等方面的地方立法，从而强化所有资助数据信息安全管控，保障"互联网＋资助"计划安全运行。

4. 系统整体必须注重持续创新发展能力

"创新是历史进步的动力、时代发展的关键，位居今日中国'五大发展理念'之首，必将带来我国发展全面的一场深刻变革。"持续创新作为创新的延伸，能够使创新的整个过程更加具有可延续性，使其具有持续的发展能力，而"互联网＋"持续创新作为新一代信息技术持久稳定发展的重要因素之一，也将互联网的整个创新过程不断优化和延续，为此，实施"互联网＋资助"行动计划不但要注重互联网自身创新能力，更要注重发挥大学生资助、思想政治教育甚至人才培养体系的系统性、整体性创新，以便充分体现持续创新作为引领大学生资助发展第一动力的功效，通过依靠上下同心、全社会一起努力，推动建立完善"政府主导、学校自主、学生参与、社会监督"的持续创新发展的大学生资助管理体制，为最终实现中华民族伟大复兴中国梦提供根本遵循、注入强劲动力。

除此之外，还应加强各级政府资助专职管理人员及各类普通高校资助专职人员队伍建设。通过加大资助专职人员培训力度，健全资助专业培养机制，努力推进普通高校学生资助工作队伍职业化建设；加强高等教育学生资助工作理论研究，在高校思想政治教育工作等高层次人文社会科学研究立项与科研经费上，对大学生资助工作有关研究课题给予重点倾斜与支持，不断推进高校大学生资助工作学术研究的创新性、持续性、前瞻性，进一步提升大学生资助工作理论水平，并注重增强大学生资助理论研究与工作实践的衔接，以便实现大学生资助理论研究成果、资助工作实践相互协调发展。

第六章 高校贫困生资助体系
运行机制的完善

第一节 新形势下构建新的资助育人体系的意义

一、构建新的资助育人体系是落实科学发展观、实施科教兴国战略的重要举措

大学生是国家的未来、民族的希望，是社会关注的重点对象。对农村贫困家庭子女来说，高等教育能使其获得知识，增强能力，全面提升素质。而目前高校高额的学费、大城市高额的生活开支造成了学校中经济贫困大学生弱势群体的存在，不仅严重影响贫困学生个体及家庭的正常生活和发展，制约我国教育的整体质量，更关系我国国民素质的全面提高和社会的稳定、健康发展。

如何保障困难家庭的学生上大学、读完大学是事关我国高等教育能否健康发展和中华民族振兴的大事。而通过扶助一个贫困学生的就学与成长，往往能带动一个贫困家庭、家族，甚至带动所在乡村、社区的发展，其经济效益和社会效应是巨大的。因此，我们应该从实现国家未来发展目标和科教兴国的战略高度，充分认识当前我国高校贫困学生助学问题的意义。

二、高校资助育人体系的完善，有助于大学生思想政治工作的更好开展

构建高校全新的资助育人体系，一方面有利于从物质层面上解决高校贫困学生的困难与需求；另一方面，也有助于高校思想政治工作的顺利开展，使高校家庭经济困难学生真正摆脱经济和精神的双重困境，也有利于对非困难学生思想政治教育，从而使高校思想政治工作能够立足实处、言之有物。

通过有针对性地开展高校家庭经济困难学生的思想政治工作，能够帮助更多的贫困学生准确定位，客观地正视问题，正确地对待问题，更好地应用各种助学政策，充分发挥助

学体系的积极功效。但是体系的成熟与完善需要一个过程，当前的高校助学体系尚处于形成期，不仅难以充分有效地实现救助功能，而且因为制度的不完善，其作为大学生思想教育工作内容之一却未能很好地发挥教育导向作用，甚至还存在着一定的负面效应，这不利于学生的健康成长和社会的和谐发展。对高校助学体系进行反思与完善，对高校家庭经济困难学生的思想政治教育工作进行探讨，不仅具有理论价值，而且还有实践意义。

第二节　构建高校资助育人体系的指导理念

一、以人为本

以人为本作为一种价值观，归根结底就是要突出人的发展，以人为基础、以人为前提、以人为动力、以人为目的。"以人为本"具体运用到高校学生工作中就是"以学生为本"，即要确立学生在高校中的主体地位，坚持依靠学生办学校，以为学生成才服务为办学宗旨，切实保障学生的利益，高度重视学生综合素质的提高。在构建高校资助育人体系问题上同样要坚持"以人为本"的理念，切实将各种资助政策落到实处，同时将学生的成长成才放在首位，使他们真正感受到关心与帮助，并树立起自立自强的信念，健康快乐成长，感悟知识的魅力。

二、助育结合

目前的高等学校资助工作大都以经济资助为主导，随着高校资助工作研究的深入和高校家庭经济困难学生问题的不断涌现，教育者对高校资助工作进行了反思，资助工作中的教育缺失现象十分严重。高校培养的不是习惯享受，伸手"等、靠、要"的青年，而是素质全面的、能够服务于社会主义事业的建设者和接班人。所以，构建新的高校资助育人体系必须树立经济资助与教育相结合的理念。

首先，高校资助工作绝不仅仅是一项经济工作。这是由社会主义教育办学目标所决定的，归根到底是为了人的全面发展，有利于整个人类素质的提高。在这个意义上，高校助学工作的"助"绝非仅仅是"资助"。高校助学工作是以"资助"为手段，以"帮助"成才为目标。这一点在整个高校助学工作中应该明确倡导、坚决执行。绝不能以"资助"为目标，以资助多少钱作为衡量高校助学工作绩效的标准（或主要标准），而要看助学工作对高校培养人才所做的贡献。

其次，在高校助学工作实践中存在各种各样的问题，少数学生为了得到高额助学金或无偿资助，弄虚作假，伪造家庭经济困难的资料；有些学生得到资助后，吃喝玩乐，挥霍享受；有的学生因为得不到资助，便愤愤不平、纠缠不已。在国家助学贷款推出后，国家投入很大财力，贴息50%来推动此项工作，但依然出现了少数学生只要无偿资助，不要助学贷款的现象（银行借贷等其他影响国家助学贷款的因素除外）。这些问题的出现反映出资助工作中教育引导的缺失，不仅不利于高校经济资助的正常开展，而且不利于家庭经济困难学生的成长。因此，经济资助与教育相结合的理念必须一以贯之，并且围绕这一理念，找到一条行之有效的教育方法和途径，真正将解决经济困难的问题与培养人的问题紧密结合在一起。

三、助人自助

助人自助是社会工作中的一个重要理念。社会工作的基本信条是"助人自助"，即通过帮助有困难、有需要的人，使其在克服眼前的困难的同时，增强面对和解决问题的能力。将这一理念运用于高校帮扶育人体系构建中有现实的积极意义，社会工作者在服务过程中持有平等理念，注重培养被帮助者的自助能力，同样适用于对高校家庭经济困难学生的教育培养。实践证明，帮助贫困生树立自强自立意识，并能够自我解困、自我成长是当前高校资助工作的重要课题。

从整体发展角度来看，助人自助既体现了人与人、人与社会的相互依存关系，同时也反映了人类和谐发展的基础，二者是辩证统一的关系。助人，包括任何有助于社会、有助于他人的行为。随着社会经济的发展、生活水平的提高，人们会不断追求更高层次的需要。可以说，"助人自助"和"授人以渔"有着异曲同工之处，不过前者更讲求平等和尊重，正如社会工作中所阐释的，助人自助基于尊重（respect）、真诚（authenticity）、同理（empathy）这些基本职业操守。因此在现代高等教育中，助人自助就有着更高的精神内涵，也更易于被广大学生所接受。

在具体的操作过程中，"助人自助"理念将会让我们在充分尊重学生的基础上寻找到更加合理科学的指导办法。引导学生转变观念，学会接纳自我，学会接受城乡有差别、贫富有差异这个现实；愿意接受别人的帮助，自觉减轻心理压力，把主要精力用到学习上，树立自强、自立、自尊、自重的精神；能够真正面对现实，正确认识自我价值，顺利完成学业。

第三节 高校贫困生资助体系运行机制的完善

一、促进主体各尽其责，确保高校贫困生资助投入充足

目前，我国高校贫困生资助体系运行机制的资金投入主体由政府、银行、社会和学校四部分构成，它们按照各自的运行模式分担着高校贫困生资助体系的资金投入。针对高校贫困生资助体系资金投入不足的问题，我们应该尽一切努力扩大各投入主体的资金投入量，调整各投入主体对投入资金的分担比例。

（一）继续扩大政府投入比例

1. 增加国家和地方政府对高校贫困生资助体系的投入

从目前来看，我国政府对高校贫困生资助体系投入的资金还远远不足，与其在资助体系中应发挥的主导作用和承担的责任还有一定的距离。改革开放以来，我国经济一直保持较快的增长势头，但是，政府教育经费投入占 GDP 的比例和预算内教育经费占财政支出的比例一直处于较低的水平。1999 年，我国教育开支占 GDP 的比例为 2.79%，比世界上发展中国家平均 4% 的水平还低。从个人的教育成本分担情况看，2003 年我国城市和农村的人均收入分别为 8703 元和 2476 元，而一个大学生每年平均支出约 8000 元，也就是说，城市居民的高等教育相对补偿成本超过 100%，农村的高等教育补偿成本超过 200%。高等教育不同于一般的产业，其产品具有准公共的性质，即具有公益性。因此，高等教育的成本来源应按"谁受益，谁出钱"的原则，主要应通过政府财政再分配来获得。我国政府应从具体国情出发，在今后相当长的一个时期内，逐步增加教育投入，在制订年度财政预算时优先满足教育的需要。同时，政府在增加教育系统投入时应对增加高校贫困生资助体系的投入有所偏重，拿出更多资金，不断扩大国家及各级政府奖助学金的覆盖面，让更多的高校贫困生受益。温家宝 2007 年 3 月 5 日在十届全国人大五次会议上提出，为了促进教育发展和教育公平，从 2007 年新学年开始，在普通本科高校、高等职业学校和中等职业学校建立健全国家奖学金、助学金制度。为此中央财政支出将由 2006 年的 18 亿元增加到 95 亿元，2008 年将安排 200 亿元，地方财政也要相应增加支出；同时，进一步落实国家助学贷款政策，使困难家庭的学生能够上得起大学、接受职业教育。这是继全部免除农村义务教育阶段学杂费之后，促进教育公平的又一件大事。这说明国家在逐年加大对国家奖学金、助学金的投入力度，但今后仍需进一步再增加。

2. 加大对西部地区高校贫困生资助体系投入的倾斜力度

我国东西部经济发展水平差距较大，各地政府对教育的支持相差悬殊。东中部地区经济发展水平较高，对高等教育及其贫困家庭学生资助体系的经费投入较大，而西部尤其是西北地区（如甘肃、青海等省）因经济发展缓慢，经济总量小，地方投资无法支持高等教育继续发展，高校贫困生资助体系资金缺口很大。在这种情况下，国家如果不制定投资倾斜政策，西部高校的贫困家庭学生资助问题就难以得到解决，东西部高等教育差距将进一步加大，西部人才的本土化进程将会减缓，人才流失将更加严重。我国已经进入高等教育的大众化阶段，西部大开发的号角早已吹响，对人才的需求有增无减，如果不能提高西部高等教育的整体水平和西部人才的本土化进程，仅凭西部几所重点大学是不能满足人才培养需要的。

3. 征收高等教育税用于高校贫困生资助体系投入

德国学者提出了征收高等教育税的设想，希望对顺利就业并达到一定收入标准的大学毕业生征收一定的高等教育税。从社会意义上来讲，高等教育税规定于高等教育后发生，且与所受高等教育收入相关，因而比较容易被学生接受。它强调了"用者付费"这个市场经济法则，而且纳税人具有纳税的实力，故不致使纳税毕业生产生不满情绪。从资金投入角度来讲，高等教育税将使高校的财政渠道发生转移，这对于高校贫困生资助体系经费短缺、社会贫富差距悬殊较大，而高等教育个人受益率又较高的我国，是值得借鉴和尝试的。

（二）不断寻求高校新的投入

1. 严格执行国家政策

目前，有一部分高校没有按照国家对各项资助政策的投入要求落实资助专项经费，有的低于国家要求落实资助专项经费，有的根本就没有设立国家要求的资助项目。为此，应要求相关部门对高校贫困生资助体系资金投入情况进行监督、检查。

2. 努力发展学校产业，为高校贫困生资助体系筹集资金

高校应根据自身的人才资源等优势，积极研发社会需要的科研成果，并及时将其转化为产品推向市场，从而不断发展学校产业，在繁荣社会经济的同时，为高校贫困生资助体系筹集更多资金。

3. 不断拓展勤工助学岗位

勤工助学作为缓解贫困生经济困难的主要途径之一，在贫困生资助体系中的作用已为学校、社会所认同。勤工助学不仅为大学生提供了锻炼的机会，加速学生个体社会化的进程，增强了学生的自立意识和劳动观念，而且为大学生提供了经济自立的基础。勤工助学活动一般分为校内、校外两种。学校应树立走出校门、进入社会、进入企业的意识，大力整合校内外资源，争取让大学生进入专业对口的部门；或是选择适合大学生特点的知识型、智能型勤工助学岗位，把技术转让、人才培养、就业与助困结合起来，拓宽助学岗位来源

渠道。从单纯性、劳务性的勤工助学逐步转向科技助学，利用高校自身资源优势和学生专业知识优势，创办大学生勤工助学服务公司产业，组织学生利用业余时间，面向校内外进行家教、家政服务、软件设计、计算机维修、导游、礼仪服务、技术转让等多种形式的有偿服务。让贫困家庭学生在增加收入的同时，个人能力也得到锻炼。

（三）努力保障银行投入利益

近几年来，我国政府一直致力于不断强化助学贷款在高校贫困生资助体系中的作用，努力提高银行对资助体系资金的投入量，探求真正建立以助学贷款为主体的高校贫困生资助模式，但银行对资助体系的资金投入仍受多方面因素的制约。为此，我们必须建立和完善相关制度，让银行办理助学贷款业务无后顾之忧。

1. 简化贷款环节和手续，建立完善个人信用制度

学校可以利用现有的工作渠道，为学生集中申请、集中办理符合银行要求的有关贷款手续，尽量减轻银行的工作压力。而银行应根据贷款风险实事求是地尽量简化贷款手续，培训学校有关人员，提供必要设备，支付一定费用。学校和银行应根据国家助学贷款的有关要求，针对贷款的具体操作程序，制定清楚明了的规定，使学生知道如何贷款和还款；明确自己的义务和权利，使国家助学贷款能顺利实施。当前，高校保存的学生个人资料只包括学籍档案和个人人事资料，银行、学校应该在政府牵头下，积极建立、完善贷款学生的个人信用电子档案。个人信用电子档案应由高校建立并填写相关信息，学生毕业时，贷款学生的个人信用电子档案应该打印装入学生档案袋后交予银行保管。银行把恶意违约、拒绝还贷毕业生的个人信用电子档案上报国家征信管理中心，同时，发函至拒绝还贷毕业生文本档案保管部门，要求其记录违约毕业生的不良信用行为。

2. 为风险补偿专项资金建立补充机制

银行作为商业性组织，其必须以盈利和生存为最高目标。但由于学生贷款违约率较高、预期收益率远低于商业性贷款，现有的风险补偿机制仍然让银行认为对高校贫困生资助体系的投资风险较大。所以，政府除通过建立个人信用制度等措施来减少贷款学生违约情况发生之外，也应该加大对银行的风险补偿力度，让银行敢于大力办理助学贷款业务。为保障银行的利益、扩大贷款规模，国办发〔2004〕51 号文件提出由财政和高校各出资一半，出资额占发放助学贷款一定比例，建立风险补偿专项资金。在实际运行过程中，面对不确定的贷款违约率，政府与银行应约定在贷款违约率超过最初估计违约率时，启动风险补偿专项资金的补充机制。

3. 延长贷款偿还期限

2004 年 6 月，国务院办公厅转发了《教育部财政部人民银行银监会关于进一步完善国家助学贷款工作若干意见》（以下简称《意见》），《意见》是 2000 年开始推行国家助学贷款以来，对现有高校贫困生资助体系的一次完善。《意见》健全了助学贷款的回收

机制，增加了还款年限，由以前的毕业后 4 年还清，延长为毕业 8 年还清，即毕业 1 ~ 2 年后开始还，6 年后还清。

延长助学贷款的偿还年限有利于大大减轻毕业生的还款压力，减少贷款违约率，但其贷款偿还年限延长的力度仍应加大。近几年来，大学生毕业后就业压力越来越大，就业后平均工资水平也有逐渐降低的趋势。大学生毕业走向社会后不久就将面临成家、住房等沉重的压力。有些借款大学生还要拿出部分的工资反哺父母，帮助家庭偿还债务。这些大大降低了毕业生的生活水平，让部分家庭贫困大学生毕业后如期还贷的难度加大。相比德国、美国的十年贷款归还期限，参考我国大学生毕业后面临的实际情况，再适当延长助学贷款的还贷期限应成为我国政府、银行的必然选择。

4. 采用合理多样的贷款回收方式

针对高校普遍存在的贷款偿还没有保障、贷款机制运转不良等问题，很多国家对贷款返还方式都进行了大量的研究和改革。各国的助学贷款回收方式有很多可借鉴之处，例如许多国家在助学贷款的回收管理方面都采取了除由政府、银行、学校负责贷学金的管理以外，允许社会其他部门和机构参与助学贷款的管理回收，这样可以提高贷款回收的效率，降低贷款拖欠率。社会机构参与助学贷款的管理，其实质就是充分发挥社会机构的职能，将助学贷款的回收与社会机构的财务管理联系起来。这样以一定的强制手段自动扣除贷款，可以保证助学贷款的顺利回收。

5. 制定助学贷款偿还减免的相关政策

为了鼓励学生勤奋学习，激励学生追求进步、全面发展，提前还贷或响应号召到边远地区从事艰苦工作，国家应制定并实行助学贷款全部利息减免或部分贷款减免，减免部分由国家助学贷款风险准备金冲抵的减免贷款条款。我国的学生借贷者有下列情形之一的，应酌情减免部分偿还额：①在校学业特别优秀；②毕业后去老少边穷地区从事低收入的艰苦工作；③一次性还清全部贷款；④其他一些特殊情况。另外，对于下列情形之一的，应该免除其全部偿还额：①因病、因故死亡；②遭遇天灾人祸；③终身患严重疾病或残疾，④在偿还期限内为社会做出卓越贡献；⑤其他一些特殊情况。

6. 积极鼓励和支持生源地金融机构参与到高校贫困生资助体系中来

生源地助学贷款，是主要面向当地户籍考入普通高等学校或者在读的经济困难的学生和家长，在其户籍所在地发放的贷款。生源地金融机构在对高校贫困生的身份认定、信用约束等方面具有突出的优势，既方便学生办理，又便于银行管理及控制信贷风险，能大大提高金融机构的办理助学贷款的积极性。

2007 年 7 月，中国人民银行下发了《关于做好家庭经济困难学生助学贷款工作的通知》，要求积极开展生源地助学贷款工作。从 2007 年秋季开始，我国大力开展了生源地信用助学贷款工作。首批试点的甘肃、江苏、湖北、重庆、陕西等 5 省（市）获准率先开展生源地信用助学贷款试点工作。试点省市按照老、少、边、穷地区优先的原则，以国家级和省级贫困县为重点，启动国家生源地信用助学贷款试点工作，基本覆盖试点省市的贫困学生及其家庭。江苏省政府在生源地助学贷款已实施 7 年的基础上，按照国家相关要求，于 2007 年 8 月 20 日下发了《江苏省生源地信用助学贷款工作意见》，对以往生源地助学贷款制度进行了较大改革和完善，如将生源地贷款由"担保贷款"转变为"信用贷款"，延长还款期限至最高长达 14 年，扩大生源地贷款覆盖面至省内全部的农村和城市等。2007 年 5 月，财政部副部长张少春指出，生源地信用助学贷款是近年来探索出的比较符合金融属性、具有商业可持续发展的一个国家助学贷款品种，是国家助学贷款的有机组成部分。相信通过国家及各级地方政府的努力，高校贫困生生源地助学贷款制度将会不断完善和推广。

（四）积极吸引社会投入热情

高校贫困生的经济资助问题不仅仅是政府、高校和银行的事情，更是全社会的共同责任，它的解决需要得到全社会的关注。

1. 积极营造对高校贫困生资助体系捐助的社会文化氛围

改革开放以来，我国社会经济发展迅速，人民的物质、精神生活水平大幅提高，国内外团体和爱国人士对国家教育发展给予了越来越多的理解和支持。但我国社会高校贫困生的资助规模整体偏小、资助范围整体偏窄、资助力度还远远不够。与较发达国家相比，我国社会对高校贫困生资助体系捐助的文化氛围不够浓厚。1996—1999 年，我国社会捐资办学经费占高等教育经费总额的比例分别为 1.07%、1.42%、1.98%、2.14%，而 1994 年美国社会捐赠占公立大学经费来源的 4.0%，占私立大学的 8.8%。我国政府、高校、媒体应通过各种形式积极营造舆论氛围，让更多的人认识到支持高等教育发展的重要性及其行为的高尚性。同时，国家应制定相关政策积极鼓励各种企事业单位的支持。

2. 政府应给予捐助企业和个人适当的税收优惠

美国是世界捐款大国，社区里经常可以看到大大小小的捐款活动，呼吁捐款的信件会时常提醒人们莫忘献出爱心。有数据显示，75% 的美国人曾为慈善事业捐款，每个家庭年捐款约 1000 多美元。完善的遗产税和慈善基金管理制度也刺激着美国慈善事业的发展。一方面，美国的遗产税、赠予税以高额累进著称，当遗产在 300 万美元以上时，税率高达 55%，而且还必须先缴纳遗产税，后继承遗产，所以富豪的后代要继承遗产会遇到重重障碍。另一方面，建立基金会或捐助善款则可以获得税收减免。美国每个公民的终身免税额为 67.5 万美元，每人每年赠送额在 1 万美元以上的可免税，超过 1 万美元的部分就可使用自己的终身免税额度。善款捐助不仅可以减少损失，而且有助于树立公众形象和产生模范效应，这就使美国不少富人竞相向社会捐款，钱多多捐，钱少少捐，一种"捐赠文化"蔚然形成。1999 年《中华人民共和国公益事业捐赠法》颁布实施，这部法律认可和保护了向高等学校捐赠的行为。财政部、国税总局于 2005 年下发文件规定，企业、事业单位、社会团体和个人等社会力量通过中国妇女发展基金会等 10 个社会团体进行公益、救济性捐赠，可以在所得税税前全额扣除。但目前，我国政府在制度上还缺少引导、鼓励企业和个人对高校贫困生资助体系进行捐助的政策。政府应修改税法或制定慈善事业促进法等相应法律法规，规范出一套具体、细致且又简便易行的操作程序，确保捐赠者得到免税的待遇。要大力改革慈善事业的准入制度，积极培育慈善组织、民间公益组织和企业基金会的发展，加快立法和制度建设步伐，使慈善组织、民间公益组织和企业基金会的进人和运行有法可依，并鼓励这些公益性组织向教育、科学、文化、卫生、环保等领域捐赠，引导他们向正确的方向发展。慈善组织自身还应建立和加强行业自律、能力建设及专业化发展步伐，迅速提高慈善公益组织的整体素质，降低企业捐赠资源的漏损，增大对捐赠企业的价值回报。

3.高校应在社会上积极主动筹措资金

高校应积极与社会经济实体合作。高等教育的公益性质决定了它对社会的重大影响，包括增加就业与收入，促成对现有政治体制正确性的认可，确保社会的安宁与稳定，促进人们形成正确的价值观，增强机构中的合作与协调能力，增强环境意识等。为此，捐资助学就是捐赠社会公益事业，就是支持社会公益事业发展，就是推动构建和谐社会的进程。因此，高校可以主动与企业等社会经济实体合作，争取社会资源，可以通过校友会、同乡会的捐赠方式。就吸纳社会公益资源来说，高校本身具有特殊功能。高校具有的生产社会资本的特殊功能，其最典型的莫过于近年来突出涌现且十分活跃的校友会、同学会、校企联合的董事会等。通过社会非官方中介机构的募捐。中国扶贫基金会的新长城项目自 2002 年设立至今，项目不断发展壮大，知名度、公信度稳步攀升，目前为止共募集协议资金 1 亿多元，实际到账 4189 万，资助贫困大学生 2300 万人次，覆盖项目高校 537 所。

二、建立、完善高校贫困生资助体系的管理机制

高校贫困生资助体系资金投入机制的健全和完善是解决高校贫困生资助运行机制存在不足的基础，但完善的高校贫困生资助体系运行机制必须要有一套行之有效的管理机制作为其保证。

（一）探索有效管理主体的选择

管理主体指高校贫困生资助体系管理机制内占支配地位的要素，是体系整体运行的直接主导者、实施者，从根本上指挥、调控着资助体系的运行过程。高校贫困生资助体系运行的管理主体由政府、高校、银行三方面共同构成，这三个主体内部及其各自与资助对象之间的协调有序、信息通畅的有效度，是决定资助体系管理机制运行成败的关键。目前，我国政府倾向于由政府的教育部门、高校的学生管理机构来负责资助体系的整体运行，操作起来方便简单，但现有管理主体对资助体系运行机制内各子机制、各要素内部及之间的协调管理能力有限。因此，成立专门部门协调资助体系整体运行或鼓励一些社会中介组织参与到资助体系运行的管理中来，应该成为我们探索的目标。

部分地方政府和高校在对贫困家庭学生资助体系管理主体选择上所作的一些探索具有实践性意义，如目前很多高校已经设立了学生资助办公室等专门部门来负责对资助体系运行的管理，在一定程度上推动了高校贫困生资助工作的有效开展，对其他很多地方政府和高校具有借鉴意义。

（二）管理方法的选择

1. 依法管理

我国关于贫困家庭学生的法规主要体现在《高等教育法》和相关的政策文件中。但是，这些法规对于资助贫困家庭学生主客体的权利和义务、相应的行政法律关系与民事法律关系均缺少明确的规定，给高校贫困生资助体系的顺利运行带来了很多不确定因素。因此，建议制定相关法律，让高校贫困生资助体系的运行有法可依。

2. 明确各资助方式的资助对象，规范资助对象的筛选方法

在资助体系实际运行中，由于资助方式、资助对象的不明确及其资助对象筛选方法的不规范，资助资金在分配上有时会产生不公平的重叠、不应有的缺漏。为此，我们可以借鉴美国的"资助包"政策，结合我国实际，对已有各资助方式进行优化组合，明确界定各资助方式的资助对象、资助额度和资助方法，形成一个"一揽子资助方案"，避免部分学生获得大量资助、部分学生一无所获现象的发生，从而实现对有限资金的最合理配置。

3. 建立对贫困家庭学生的长效跟踪管理、服务机制

要建立高校贫困生管理档案，摸清贫困生的具体情况，并记入困难学生登记表或录入贫困生管理信息系统，建立贫困生信息库，安排专人专职负责，以备查询，为有效、公平的资助提供依据。对贫困大学生完成资助，并不意味着资助工作的结束。资助体系作用发挥如何，学生对现有资助模式反应如何．受资助学生如何合理使用获得的资助等，这些信息是资助体系运行情况的最直接反映，将为完善现有资助体系及其运行方式提供大量帮助。所以，高校贫困生资助体系的管理主体，应探索、建立对贫困大学生的长效跟踪管理、服务机制。

三、完善高校贫困生资助体系运行机制必须做好与以下三个方面的结合

（一）要将完善高校贫困生资助体系运行机制与构建和谐校园相结合

构建和谐校园，体现了学校发展的价值取向，体现了学校的软实力，其主要内容包括：学科发展的和谐、人的发展与学校发展的和谐、校园文化设施与学校发展的和谐等。构建和谐校园，应该以促进学生的全面发展为本，全面落实人本管理。占高校在校生总人数20%的庞大贫困家庭学生群体应成为构建和谐校园的工作重点。高校贫困生资助体系运行至今，暴露出的部分贫困家庭学生缺乏诚信观念、盲目抱怨社会而无感恩之心以及心理问

题严重等，已成为构建和谐校园所迫切需要解决的问题。高校必须从家庭贫困大学生的全面发展出发，寻求各种途径，解决他们存在的问题。如通过开展诚信教育、感恩教育、心理咨询等活动，为构建高校和谐校园提供必要基础。

（二）完善高校贫困生资助体系运行机制要与培养贫困家庭学生就业能力相结合

贫困家庭学生上大学的目的，不仅是为了提高自身素质、实现人生追求，也是为了寻求摆脱和改变贫穷命运的出路。现阶段，在高校毕业生就业压力不断增大的现实条件下，加之自身经济条件和社会背景较弱等因素，家庭贫困的毕业生要找到一份好工作的难度相对加大。刚毕业的家庭贫困毕业生还要面对生活的艰辛和家庭的重担，在没有一份较好收入的支撑下，部分家庭贫困者很可能无力还贷。这直接减少了银行贷款的回收率，容易造成银行"惜贷"，由此给高校贫困生资助体系的顺利运行带来诸多困难。

为此，高校贫困生资助体系的运行必须与培养、提高贫困家庭学生就业能力相结合，把提高贫困家庭学生就业能力作为资助体系的重要目标之一。不仅要给家庭贫困大学生直接的资金支持，更要让他们学会如何去"造血"。高校要大力鼓励他们摆脱"等、靠、要"思想，通过自身的拼搏与努力来改变自己的命运。要为贫困家庭学生搭建一个锻炼自己、发挥自身聪明才智的平台，以促进自身综合素质、就业能力的不断提高。

（三）完善高校贫困生资助体系运行机制要与完善社会保障体系相结合

我们不仅要着眼于如何完善高校贫困生的资助体系及其运行机制，更要思考、解决如何最大限度地减少高校学生家庭贫困现象，寻找贫困家庭学生贫困的原因。根据在江苏某高校的抽样调查结果显示，来自农村的贫困家庭学生人数占贫困学生总人数的70.6%，来自城镇的占29.4%，来自城镇的贫困家庭学生大部分是因为父母双亡、父母离婚、双方或一方失业、疾病、灾害等原因致贫，占城镇贫困家庭学生总数的81.3%。政府应进一步完善我国特别是农村地区的社会保障体系，大力发展适合我国国情的社会保险、社会救助、社会福利和社会优抚安置等保障体系，防止人们因疾病、失业或其他不可抗力而造成新的家庭贫困。

第七章　新时代高职学生资助制度工作探索

第一节　高职大学生资助工作困境与对策

高等职业院校学生资助工作存在资助认定困难，资助浅表化倾向严重等问题。高职学生资助应紧随社会经济变化，针对现存问题，把握发展性、人本化、创新型三个资助原则，围绕制度建设，创新组织形式，实施分类分层资助，以期提升高职院校的资助实效。随着我国经济社会的发展，城乡困难家庭经济状况、生活水平得到大幅度提升，困难大学生接受国家资助才能完成学业的紧迫形势得以缓解，资助工作重心逐渐从助学向助人助能转化。近十年，高职教育也得到飞速发展，生源组成也由单一省份招生变为面向全国招生，部分优质高职院校外省市生源比例已达 70%。高职教育发展，社会环境变化，乡村文化变迁使得高职大学生呈现思想多元，价值取向多元等特征，同时也给高职院校原本复杂的资助工作带来新的任务和挑战。

一、高职院校资助工作瓶颈问题及原因分析

与城乡家庭经济状况改善相悖的是高职院校申请困难资助的学生比例不降反升，再加上生源所在地远离学校，使得高职资助认定工作变得日趋困难。因为学生隐私没得到重视和保护，高校困难生认定方式备受诟病，学生自尊心受到伤害等负面声音不绝于耳。高职院校资助工作的问题根源在哪，如何做好资助工作值得高职资助工作者思考。

（一）困难生认定程序和主体有待改变

认定工作是资助工作的"先手棋"，据国发〔2007〕8 号文，困难认定的程序是学生申请、地方政府审核、高校认定。困难认定函数是建立在基层政府完全可信的基础上的，学校根据学生的消费状况进行适量补充。然而，高职院校普遍实行全国招生，各地经济发展现状不一致，地方对困难的理解不统一。基层村镇相关部门还存在"好处章""人情章""随

意章"等现象。根据证据三性理论,如果真实性存在问题,即便程序合法,也属于无效证据。高校所在地远离生源地,近距离验证几乎不可能实现。此外,部分家庭经济困难学生由于自尊心过强,或对国家资助政策、程序不了解,困难证明难以办理等原因,虽然家境贫困,但没有申请资助,不在资助认定的范围,无法接受资助。造成认定困难的原因主要是国家资助政策设计不完善,分工不当,还有家庭经济困难与否,基层政府最容易从源头上掌握实际情况。国家应把大学生资助认定工作列入基层政府工作范畴,并强化考核,严把第一关,杜绝乱盖章。克服基层政府部门两种错误倾向:一是有地方保护倾向,认为资金不用本地出,盖章证明本地大学生即可获益;二是功利主义倾向,滥用职权,有人情利益往来,为了送人情,得利益,盖人情章、利益章。反之,自己不获利,就层层设卡,故意刁难,一章难求。造成的后果可想而知,高校在甄别困难证明中耗费过多精力,资助工作浅表化严重,人情章、利益章也滋生基层政府腐败现象。家庭经济不困难学生,为了一时利益,不惜牺牲自我诚信,滋养了"不劳而获"的惰性,培养了一批"精致利己主义者",丢失了传统乡村勤俭节约、诚信质朴的价值脊梁。

(二)高职院校资助工作浅表化倾向严重

资助工作作为学生教育管理的重要内容之一,虽然各校都有严谨的认定程序,但鉴于区域经济发展差距大,各地认定标准不统一,再加上认定工作高关注度、高敏感性特质,认定工作耗时、耗力,可以说高职院校资助工作80%的时间、精力被认定工作占据。高职院校的资助工作基本上停留在困难认定加资金发放阶段。然而,从资助育人的视角看,认定工作只是资助工作的前端,应对受资助群体的困难原因进行研究,针对经济困难学生的困难程度、心理诉求,实施差异化资助,达到物质资助和心理浸润相结合。要创新资助形式,实现无条件帮扶,竞争性和奖励性资助相结合、激发困难学生成长的内在动力。指导困难学生在受助的基础上,用积极的心态开展励志自助,实现助人到铸人的升华。资助要如何结合高职院校的培养目标。

(三)高职院校资助育人效益亟待提升

从国发〔2007〕8号文来看,限于当时的经济社会发展状况,保障家庭经济困难学生完成学业是高校资助者工作的唯一目标。从国家扶贫视角来看,高校资助属于条件型"普惠式"的兜底扶贫,获得国家无偿资助的充分必要条件是地方政府开具的贫困证明,底线是不能让困难学生辍学。然而,通过江苏多所高职院校调查,发现近20%的通过助学贷款完成学业的学生不能按时履行还款约定,40%受资助群体没有申请勤工助学的想法和尝试,50%以上没有获得学校奖学金,80%没有学生会的工作经历,没有获得过国家励志奖学金。数据反馈大部分受资助学生处于一种"安贫"的状态,对于国家的无条件资助"欣然"接受,至于需要自己付出努力才能获得的资助则"兴趣索然"。调查结果反映部分受资助者没有通过自身努力减轻家庭经济负担的想法和尝试,没有通过努力学习改变家庭贫困现状的紧迫感、压力感，也没有通过实践锻炼提升能力素质的付出和尝试。受资助群体的知识、技能获取情况欠佳，成长成才的内在动力不足，诚信、感恩心理状态不合格，甚至部分家庭经济困难学生因人际关系不协调、学业问题、心理问题而辍学，高校资助的绩效实难保证。

二、高职院校资助目标与工作原则

高职院校资助目标大致可以分为三个层面。第一，在认定的基础上，对受助对象进行资金和物质上的帮扶，帮助受助群体完成学业的初级目标。第二，对资助对象进行励志自强的价值引领，实现受助到自助的转变，实现资助—自助—铸人的中级目标。第三，受助群体在学校的教育影响下实现自信、自强、自立的资助实效，完成受助—铸人—助人的感恩回馈的价值循环的最终目标。

在资助目标的指引下，高职院校应兼顾生源质量、培养目标、办学使命上的特殊性，资助工作开展应遵循经济资助完成学业与价值引领促进成长相结合的发展性原则，确保群体共性管理公平与满足个体需求差异相统一的学生本位原则，规范执行国家政策要求与学校工作实际相融合的创新性原则。

（一）发展性原则

高校资助工作的底线是确保家庭经济困难学生不因经济原因而辍学。在此基础上，资助工作重点应放在解决学生的实际困难，引领学生发展成长上，以学生知识、技能、素质的提升发展去带动家庭经济状况的好转，是阻断家庭贫困的代际传递的最优路径。

（二）生本原则

生本原则就是一切以学生为本。资助认定要坚持实事求是，贫困受助合理，不贫困骗取资助可耻的原则。资助帮扶过程以满足学生身心诉求为本，既要满足全体受助群体的共性需求，又要着眼每个个体的差异性需求，促进学生成长。

（三）创新原则

高职院校应在资助育人的总体框架要求下，面向企业、校友、社会人士，着力开拓资助资金来源，提高可支配资助资金总量，提升资助的覆盖面。强化工作研究，把资助工作与产业结构调整和国家扶贫攻坚工作结合，创新资助工作载体路径，变"普惠式"资助为发展性资助，满足不同类型受助群体需求，提升资助实效。

三、高职院校资助工作提质增效的路径

（一）从制度建设着手，明确任务分工

通过技术和管理手段实现资助认定程序的规范和结果的有效。大数据时代，国家从顶层设计着手，变更资助认定主体，让基层政府部门替代高校成为认定主体。一来让认定主体更接近生源所在地，可以确保信息的完整性和真实性。二来把高校从烦琐的认定工作剥离开来，使之成为资助的执行机构，更专注于学生的资助和教育引导。其次，通过制度、法律去规范和引导人性。在物质化衡量标准的社会中，如果仅仅从"诚信"的层面进行道德呼吁，对人出于趋利避害本性而弄虚作假的社会问题将永远无法解决。通过政策立法，建立国家层面的资助诚信档案，对于弄虚作假，骗取国家资助的个人和家庭提高其犯错代价。转换认定主体，提升认定准度，使得资助对象更聚焦，是实施精准资助的前提，也是高职院校资助初级目标实现的根本所在。此外，通过制度和技术引导困难学生群体克服功利的实用利己主义思想侵蚀，自觉抵制好逸恶劳等不良风气的影响，扣好人生的第一粒扣子，以良好的价值取向去迎接人生的挑战意义非凡。

（二）创新资助形式，激发受助群体成长的内生动力

高职院校生源和本科院校相比，在学习目标，学习动力，生涯规划，自我管理等方面有着较大的区分度。国家助学金属于条件型"漫灌式"资助，资助的实现并不理想。高职院校应在国家的资助政策范围内，吸收社会资金，扩大资助资金源，创新资助资金的使用形式，变"普惠式"资助为竞争性、发展性资助。在满足受助群体完成学业的底线需求时，设立励志奖学金、企业奖学金、企业助学金、进步之星、勤学之星等多样化资助形式，引导受助群体通过自身努力，通过竞争获得奖励性资助，提升受助群体成长成才的内生动力，获得成长成才信心。此外，充分利用高职办学的就业导向功能，把"校企合作、产教融合"融入资助工作，在受助群体中开展就业推荐制。设置推荐条件，把受助群体的经历转化为加分项。鼓励受助群体参与社会公益活动、实践活动、勤工助学，在实践中提升能力素质，提升资助受助群体的获得感和国家教育扶贫的社会效益。

（三）研究资助对象，实施分类分层资助

强化对受资助群体的研究，通过数据统计分析，在充分了解受助群体的基础上，实施分类资助。从贫困类型上看，可以把家庭经济困难群体分为单纯的经济困难型和复杂困难型（经济困难＋心理贫困、学习困难、人际困难等）。单纯的经济困难型学生虽然家庭经济困难，但心理资本雄厚，性格坚韧，乐观向上，成长的愿望和动力十足，在物质资助基础上，加强人文关怀，辅以生涯规划帮扶，帮助他们合理设定大学目标。对于复杂困难型，要采用群体共性经济资助管理与个体差异帮扶的策略，不仅经济上要给予资助，还要定期

约谈，开展心理浸润，设置学业导师，开展学业上的帮扶，聘请人生导师，开展人际沟通协调上的指导。从家庭经济困难的原因来看，一般可以分为区域型长期贫困和灾害（健康）型临时贫困。区域型长期贫困因生源地地理环境，资源条件，体制机制的原因，整个地区长期处于落后贫困状态，家庭主要劳动力因缺少教育，传统思维观念根深蒂固，不愿或不能参与新的社会分工，导致经济收入受限。对于这类群体，经济资助固然重要，但更为重要的是进行思想的引领，使其摒弃"等靠要"惯性思维，主动参与社会竞争，变受助为自助，树立成才信心。对于因自然灾害或家庭成员的身体疾病造成短期临时经济困难的群体，应强化心理帮扶，使其克服心理落差，重燃生活希望，以励志自强的状态带动家庭成员则显得尤为重要。

高职院校资助工作，事关小康社会建设目标的实现，是党和国家高度关注的工作。高职院校应围绕人民对美好生活的需要，把握资助助人、育人、铸人的主要任务，在精准认定的基础上，改变资助供给，广泛开展竞争性资助，分类分层帮扶，差异化资助，切实提升高职院校的资助实效。

第二节　高职院校实现精准资助制度育人

一、精准资助制度在高职院校育人中的意义

（一）满足家庭经济困难学生要求资助的多元化通道

新时期高职院校家庭经济困难学生的困难已经不仅仅是经济上的困难，更多的是表现在思想状态、心理品质、学习能力、实践能力等个人综合素质方面的困难，客观现实要求必须把培育学生素质能力融入高职院校的资助工作。为此，高职院校实现精准资助的首要条件是要确保精准地认定家庭经济困难学生，然后再以学生实际需求为导向，精准地评估学生的困难情况，并为其提供适合他们发展的资助项目，确保学生能够得到能力上的提升，为将来顺利步入社会打下基础。

（二）适应资助工作体系的发展要求

2007 年以来，我国新资助政策体系已逐步完善了以国家助学贷款为主体，奖学金、助学金、勤工俭学、学费减免、困难补助、社会捐助为辅的多元化资助制度。高职院校精准资助制度育人是以精准资助为理念，使得资助育人制度能适应困难学生资助体系不断发展的要求。当前高职院校学生资助工作尚存在一些困难：一是各高职院校事业收入提取的

资金不能到位，不能满足所有困难学生的需求；二是家庭经济困难学生认定模式滞后，资助工作的公平性难以体现；三是现行资助制度的资助项目设置不具体、不细化。探寻精准资助制度是解决存在问题的必然要求，精准资助工作模式为资助者和受助者提供精准的资助内容，能够有效解决目前粗放式资助所带来的弊端，是高职院校开展新时代资助工作的必然方向。

二、高职院校精准资助制度育人存在的问题

精准资助制度始于资助，成于育人。精准资助制度具有济困、激励、服务、发展四大功能，其中济困是育人的基础，激励是育人的目标，服务是育人的过程，发展是育人的追求。

（一）济困功能的困境

1. 制度育人的定位模糊

从目前高职院校家庭经济困难学生认定制度和实际情况来看，在受助对象的认定上还普遍存在不精准的情况。《教育部 财政部关于认真做好高等学校家庭经济困难学生认定工作的指导意见》（教财〔2007〕8号）明确了家庭经济困难学生的认定工作依据，但规定的内容相对较为宏观，评价标准不够细化，这在一定程度上造成各校在困难学生认定上不够精准。

2. 制度育人的资源有限

目前大部分高职院校资助家庭经济困难学生主要以经济资助为主导，学校、社会、企事业单位对于资助的投入远少于财政拨款，特别是社会影响力不大和地处西部地区的高职院校资源问题更为突出。发挥济困作用的物质基础是资金，资源基础亦是教育基础，经济基础如果不能得到保证，就很难做好精准资助育人工作。

（二）激励功能的困境

1. 制度育人的思想引导不够

当前困难学生在思想意识层面主要存在以下问题：一是思想上存在"等、靠、要"意识，导致其行为与高职院校道德教育不相符。目前的资助体系无偿资助居多，有偿资助较少，极易造成学生的依赖心理。为了获取几千元的国家助学金，有学生甚至违背良知，弄虚作假，极大地影响了资助的公平性。二是当代大学生具有思想开放、自我意识强等特征，同时家庭经济困难学生的心理又比较脆弱，常常表现出自卑、孤僻和自我封闭的心理倾向，严重的将对高职院校学生资助工作带来很大的消极影响，所以当务之急就是要解决精神层面的问题。三是部分大学生诚信意识淡薄，获得资助后不努力学习，国家助学贷款不按时偿还甚至逃避不还。四是感恩意识不强。一些受资助的家庭经济困难学生认为自己困难，理所应当受到资助，如果资助少了还会埋怨社会对其不公，缺少感恩之心，与资助育人的

宗旨相悖。

2. 制度育人的过程激励不足

制度育人的过程激励问题主要表现在以下三方面：一是奖励制度内容单一，覆盖范围较小，在以奖促优方面效果不明显，同时也不能完全激发学生追求进步的上进心。二是奖励制度规定过于笼统，没有具体的量化标准，更多的是对评选程序的规定，激励导向不鲜明，进而降低了激励作用。三是资助制度实施的主体专业性不强，缺乏对资助育人的深入研究，导致学生的情感没有被完全激发出来。

（三）服务功能的困境

1. 制度育人的需求导向彰显不够

在制度育人需求导向方面，当前的资助制度忽视了需求导向的服务意识，具体表现在：一是重物质帮扶，轻精神帮扶。资助机构设置的滞后性和资助工作繁缛复杂，导致工作人员只能疲于应付基本的事务性工作而没有时间去进行精神上的疏导。二是未对受助学生进行精准分析，只是单纯的撒胡椒面式的服务。三是资助教育活动不能满足学生的个性化需求，缺乏以学生需求为导向的制度支持。

2. 制度育人的服务形式单一

在资助服务方面，资助服务平台和资助服务内容都较为单一。具体而言，一是现有的资助制度缺少对学生学习、生活等方面的资助内容，学生在获得物质帮扶的同时感受不到资助制度的服务价值。二是资助服务形式滞后导致学生资助工作信息传达不及时，使一些家庭经济困难学生出现心理问题。

（四）发展功能的困境

1. 制度育人的发展失衡

目前家庭经济困难学生发展呈现出不平衡现象：一是家庭经济困难学生的心理问题突出。家庭经济困难学生进入大学后由于家庭贫困，才能欠缺，导致个人缺乏自信。二是综合能力较弱。家庭经济困难学生大部分来自偏远农村，学习能力比较薄弱，参加活动的积极性不高，严重影响其就业竞争力。三是人际交往困难。家庭经济困难学生因家庭贫困而自卑，但是自尊心又很强，这对其人际交往有很大的消极影响，并使得其自身的发展受到限制。

2. 制度育人的评价机制欠缺

制度育人的评价缺少跟踪式发展的成效评价机制，这也对资助制度育人效果的巩固有很大影响。当前资助育人工作多采用传统的监督评价机制，只在物质帮扶，而对学生的学习、能力培养等方面没有跟踪监督和评价，这导致对学生进一步的发展帮扶及规划缺乏依据。

三、高职院校精准资助制度育人的完善对策

（一）完善济困功能

1.精准识别受助对象

精准识别受助对象是保障高职院校做好资助育人工作的前提条件。为了保证资助育人工作有的放矢，提高资助经费使用的精准性，必须对申请认定家庭经济困难学生的实际情况进行精准摸底。一方面，高职院校可以构筑大数据平台，建立完善、全面、细致的家庭经济困难学生认定指标，采用定性和定量相结合的模式，结合生源地、辅导员、同学等各方面的意见，对学生的真实情况进行辨别，最终精准识别真正需要资助的学生；另一方面，高职院校可以建立动态管理贫困生制度，对有突发家庭变故的学生随时进行认定，对家庭经济不再贫困的学生随时移出贫困生库，同时要经常走访学生宿舍，走进学生生活，实时了解其真实情况，确保受助学生是真正需要资助的学生。

2.强化全员育人意识

资助领域的全员育人是指在拓宽资助资金来源的同时，全面促进资助主体社会化，扩大资助育人格局，强化资助育人意识。当前资助来源主要有国家、学校、社会及个人，资助经费大部分来源于财政拨款，高职院校按规定从事业收入中提取4%～6%的经费用于资助项目，同时吸引企事业单位和个人在学校创设奖助学金。从资助来源来看，社会资助是最具拓展潜力的领域，为了进一步拓宽资助渠道，各高职院校应努力争取更多的社会资助资源。为此，国家应尽早出台相应的规章制度，激励社会出资，广聚社会力量，激发社会的育人情怀。学校层面更应该将资助育人工作与人才培养工作相结合，主动挖掘社会资助资源，一方面帮助学生解决经济上的困难，另一方面锻炼学生的实践能力，提升学生的就业能力。另外，学校层面还应出台相应的教职工参与资助工作的方案，明确教学、管理、服务等岗位人员的育人工作职责，鼓励教职员工积极参与人才培养，在校内真正形成教书育人、服务育人、管理育人的宗旨。

（二）完善激励功能

1.依托校园文化，着力思想引导

精准资助要依托校园文化，培育困难学生的自尊、自立、自强精神，削弱或消除不合理的受助思想。主要措施有以下两种：一是通过营造诚信校园社会环境，如充分利用思想道德课这个主阵地，对学生开展诚信教育，让学生对诚信有一定的思想认识；引导学生踊跃参与诚信实践活动，在活动中增强诚信意识；并充分发挥教师、辅导员、学生干部等队伍的示范引领作用。二是加强对学生的感恩教育，如通过开展感恩家书、感恩手抄报评选展示以及学生毕业教育等接地气的活动，激发学生的感恩意识，帮助其树立

正确的价值观。

2. 完善制度设计，强化过程激励

一是实行学生主动申请奖学金制度。高职院校要组织学生认真学习奖学金评选方案，并让学生自我对照评选依据，对自我成长进行自评。同时学校建立评议小组，如通过开展奖学金申请答辩的形式，让学生现场展示自己，通过完善评审流程发挥育人功效。二是科学设置奖学金类别。学校要积极争取社会资助资源，扩充资助资金，完善奖学金项目，扩大覆盖面，激励更多的人努力奋斗。

（三）完善服务功能

1. 构建以学生需求为导向的服务体系

学生在大学的各个阶段会有不同的需求，高职院校资助工作者要想做好资助育人工作，就一定要以学生为本，精准判断学生不同阶段的需求，这样才能精准地服务学生。高职院校要根据在校学生的特点，分析他们在大学不同阶段的主要需求，为学生量身定做一套适当的成长方案，对于实现精准资助制度服务育人价值有着重大的现实意义。

2. 以实践为载体丰富资助服务形式

资助制度具有服务功能，在学生的学习、生活等各个方面发挥着重要作用。如通过建立学习帮扶平台，为学业困难的学生提供服务，帮助其解决学习上的困难，提升学习能力。通过完善勤工助学制度服务体系，构建社会实践服务平台，拓宽学生勤工助学岗位，引导学生树立正确的劳动观和积极的工作态度，增强其社会责任感。通过开展暖心工程，拉近与学生的距离，提升学生对学校和社会的认同感，帮助其人格健康发展。

（四）完善发展功能

1. 搭建学生平衡发展体系

搭建学生平衡发展体系需要高职院校资助部门及与学生密切相关的就业指导、心理健康、创新创业发展等部门的协同合作，为学生提供平衡发展的平台。一是资助部门在开展活动过程中要积极培养学生正确的就业观，指导学生明确就业意向。同时，联合学生就业工作部门进一步加强就业观教育，加大就业培训力度，为学生提供就业信息，帮助他们提升就业竞争力。二是资助部门与心理健康部门密切合作，关注家庭经济困难学生的心理健康问题，为他们提供心理疏导，帮助其走出困境。三是资助部门要掌握学生的特点，对有意投身创业的学生给予鼓励，并提供资金支持和专业援助。

2. 巩固资助育人成效

资助育人成效主要体现在基础工作成效和学生受助后思想行为等方面的变化。对资助教育相关人员进行业务培训，提升他们的业务能力，是巩固资助育人实效性的有效途径。一是建立一套上级对下级、下级对上级、平级之间互相监督的评价机制，应用于高职院校

资助工作运行全过程，提高学生资助工作质量。二是以学生个体为中心，系统分析学生在培养前和培养后的思想行为变化，为进一步培育学生指明方向。

四、高职院校精准化资助新思路

高职院校精准化资助新思路有加强资助管理观念创新、大力拓展资金来源途径、积极优化资助管理制度，详细内容如下。

（一）加强资助管理观念创新

第一，严格遵守公平、公正、公开的资助育人观念。高职院校开展的资助管理工作一定要严格遵循公平、公正、公开的原则，并且通过行之有效的策略解决经济困难学生上学难的实际问题。政府与教育部门应汲取国外成功经验，提升学生资助工作的公开性、公平性及公正性。基于此，政府要尽早构建新型的贫困学生资助工作体系，在确保学生拥有基本生活保障与公平受教机会的同时，采用助学贷款、助学金、生活补贴、奖学金等方式提高学生资助工作的时效性和公平性。

第二，严格遵守以人为本的资助工作理念。高职院校要系统考虑贫困学生的思想与心理，因为他们的情况较为特殊，需要加大对他们的生活与学习关注及关怀力度，充分了解他们在学习和实际生活中遇到的各种问题，实现资助管理和人文关怀有机结合。在该前提下，高职院校还应加强对贫困学生的思想道德教育与心理疏导工作，引导学生排解自卑心理，调动贫困学生追求个人职业发展的主观能动性，促使贫困学生形成良好的道德品质与思想素养，实现贫困学生全面发展。

第三，始终坚持资助育人观念，推动学生职业良性发展。高职院校要与贫困学生的文化基础、价值取向及心理特点和普通学生不同的特点有机结合，在具体资助中不但确保贫困学生基本生活需求得到满足，给予他们平等的学习机会，还应系统提高他们的整体能力，全方面考虑他们的未来发展，确保贫困学生具备摆脱贫困的能力。

第四，彰显高职特点的资助观念。在我国教育体系中，高职教育占据重要位置，肩负着为现代社会和企业培养输送优质人才的重任。基于此，高职院校开展的资助管理工作要与职业教育特点有机结合。在办学规模上，高职院校要与贫血学生因为经济问题选择到本院校深造的特点有机结合，科学设定办学规模，确保贫困学生均可以得到公平受教的机会。对于人才培养目标，高职院校要加大对学生实践能力培养力度，以就业为中心，培养高水平、高素养的全能型人才。同时，高职院校还要与贫困学生的实际情况相结合，制订行之有效的资助管理计划，提高学生资助工作的人性化与系统性。

（二）大力拓展资金来源途径

第一，国家应增加对高职院校助学经费投入金额。现如今，高职院校的教育经费主要源于国家拨付，国家应用到职业教育中的资金相对较少，致使诸多贫困学生不能得到国家的资助，不能享受平等教育。相比较而言，高职院校贫困学生人数更多，而国家并未给予足够的资金支持。基于此，国家应增加对高职院校助学经费投入金额。首先，政府有关部门要将主导作用发挥出最大化，制定相关政策，促使金融机构给贫困学生提供助学贷款。其次，政府有关部门可以通过发售教育彩票的办法，给高职院校筹集一些助学经费。此种办法不但可以让高职教育实现产业化发展，还可以通过社会这个大平台给贫困学生筹集更多的资金。

第二，加大社会对高职院校贫困学生的助学支持力度。首先，学校要发挥自身优势，吸引更多社会组织及企业参加到高职院校建设中，使其为经济困难且成绩突出的学生提供足够的资金支持，不管是助学金还是奖学金，减轻贫困学生的经济压力，减少高职院校贫困学生数量。其次，高职院校需鼓励个人和社会团体对贫困学生进行资助，实现资助路径多元化。再次，学校还要争取企业和社会对贫困学生捐赠，例如文具、生活用品等，如此不但能够减少贫困学生的生活支出，还能让他们心存感激，未来更好地服务社会。最后，学校要为学生提供更多勤工俭学的机会和岗位，保证经济来源的同时，磨炼他们的品质与意志。

第三，学校要积极与企业合作，给贫困学生构建助学平台。首先，学校要设立基金会，并邀请帮扶经验丰富的杰出校友构建校友基金会。其次，学校要构建行之有效的基金会管理机制，主动和企业建立良好关系，帮助学生顺利完成学业的同时，实现学校和企业互利共赢。在校企合作过程中，学校结合企业需求的人才对教学目标、教学方法、教学内容进行完善与优化，给企业输送优秀人才。同时，企业应给贫困学生提供费用支持，让他们有免费的技术培训场地。如此不但可以给企业培养出满足实际需求的高水平、高素养人才，还可以帮助贫困学生切实解决经济难题，帮助其摆脱困境。

（三）积极优化资助管理制度

第一，高职院校、政府及教育部门一同构建并健全贫困学生评定制度。构建行之有效的评定制度是健全高职院校贫困学生资助工作的基础。首先，高职院校、政府及教育部门要确定贫困学生评定标准。三方能够结合国际通用的贫困评定方法，在全面调查贫困学生经济情况的同时，系统考虑学生的生活开支、消费水平、交际需求等因素，科学确定贫困学生的认定等级，以城市低保为衡量贫困学生的标准，设置低中高三档。高为烈士子女、城市低保等，中低由学校结合学生情况认定。

第二，教育部和政府有关部门应构建贫血学生信息共享平台。大力建设资助育人平台为一项非常重要的工作，有很强的基础性，具体可以分为下述四个方面：其一，在新生报到之后，各高职院校要协助当地教育部门收集每个贫困学生的基本信息，递交地方民政部门开出的贫困证明、家庭贫困材料等，并系统审查学生提交的材料的真实性，保证所收集的信息真实有效；其二，学校要与贫困学生的真实信息相结合评定申请学生，保证评定标准的一致性，评定工作一定要严格遵守公平、公正、公开的原则；其三，院校可以通过组织并开展主题班会的方式向学生系统宣教国家有关贫困学生的帮扶政策，使学生依据对身边同学的了解展开贫困学生评定工作，并把学生互评且入学校的评定体系当中，保证贫困学生评定的实效性与准确性；其四，学校要了解贫困学生资助金的应用去向，防止资助金用于不正当的方面，出现适得其反的现象。

第三，教育部门和政府有关部门要确保学生资助项目的可行性与有效性。首先，教育部门和政府有关部门要扩大贫困学生勤工助学岗位、助学金、学费减免及奖学金等措施的覆盖范围。通过设计国家励志奖学金，积极鼓励贫困学生充实自我和努力学习，并且丰富资金来源路径，促使社会团体、优秀校友及企业给高职院校贫困学生资助工作有效开展提供有利条件，让贫困学生的生活条件及学习条件得以改善。其次，政府有关部门要将自身的主导优势充分发挥出来，促使一些金融机构给学生提供助学贷款支持，比如保险公司及银行等，确定贷款利率、还款日期及标准等，并构建学生个人征信档案，确保贷款能够顺利发放，同时减小保险公司及银行等金融机构的资金风险。最后，高职院校与地方教育部要全方位实施勤工助学制度，增强管理工作的规范性，并组建专门的监督组织，鼓励贫困学生在课下参加劳动，通过不懈的努力，解决自身经济问题，强化学生的社会服务能力及增强意识，帮助学生实现全方面发展，给贫困学生毕业之后顺利就业做铺垫。

当前，高职院校资助工作依旧存在些许问题，其中比较常见的是资助管理观念有待创新、资金来源途径有待丰富、资助管理制度有待完善。为了解决上述问题，相关人员应做好分析工作，只有找出问题的具体原因，才能制定相应的解决措施，如加强资助管理观念创新、大力拓展资金来源途径、积极优化资助管理制度，保证既定目标得以实现。

第三节　创新发展高职资助育人工作的思考

遵循教育公平、人才资本投入以及社会服务等原则，伴随学生、学校和教育三方需求的不断发展，学生资助工作日益成为高职院校的中心工作之一，在高职院校中扮演着不可或缺的角色。近年来，无论是理论内涵的丰富，还是日常践行的深入，资助工作都取得了较快的发展。与此同时，与飞速发展的经济社会情况相比，资助工作在时效上略显滞后，在其理论和内容形式方面仍需不断摸索和探究。

一、当前高职院校资助工作的现状和问题

（一）国家资助力度逐年增大，但资助中的问题和矛盾凸显

国家对高职院校的资助力度非常大，最近具有标志性意义的文件显示，如 2007 年国务院发布的《国务院关于建立健全普通本科高校、高等职业学校和中等职业学校家庭经济困难学生资助政策体系的意见》，对资助政策予以完善，同时也把高校的资助工作作为日常工作的重中之重。随着社会主义现代化进程的推进以及国家"十三五"规划的开展和实施，消除绝对贫困成为了全面建成小康社会的主要目标之一。学生是否能上得起学是衡量消除贫困是否全面的重要指标。高职院校本着教育公平的理念，在构建多元资助体系的过程中，将国家资助工作放在了主体位置，国家各项奖助学金体系也日趋成熟，各种助学贷款和勤工助学制度也在逐步建立，基本形成了"奖助贷补减免"于一体的资助体系。

然而，随之而来的各种问题和缺陷也日益凸显，如国家奖助学金在高校运行中的制度缺陷、操作困难问题，奖助学金评选过程中的公平性问题，助学贷款的回收保障机制和供求失衡问题等，这些问题需要从教育资助的功能、原则和对策等诸多方面进行深层考虑和反思。

（二）资助制度政策不断变化，但具体资助细节难以把控

我国关于高等院校的资助制度和政策有明确规定，从 1987 年便有较为完整的资助文件，如 1987 年国家教委、财政部关于重新印发《普通高等学校本、专科学生实行奖学金制度的办法》和《普通高等学校本、专科学生实行贷款制度的办法》的通知。近年来，随着多元助学体系形成，《国家助学奖学金管理办法》《高等学校毕业生国家助学贷款代偿资助暂行办法》《高等学校学生勤工助学管理办法》等多个文件相继出台，标志着国家对于高校资助工作的高度重视。

高职院校在履行国家制度政策和提供学生根本需求的同时，也着力探索教育的实效性。然而，在探索过程中发现制度政策的落实需要结合具体地区、具体学生情况来创新内容和形式。在创新中也遇到了一些困境，如不同经济背景和社会区域的学生，会有不同的世界观、人生观和价值观，资助工作难以绝对公平，学生家庭情况存在一定的隐私性，一些私营单位和个体经营者的经济情况更加难以确定等等。这些不可控的因素都让资助工作的实效性受到了一定程度的负面影响。

（三）资助手段日趋现代化，但育人实效有待商榷

当前，社会已经进入了"微时代"，大数据使得资助工作的精细化程度得到了大幅度提升，通过系统和平台的运用，可以精准地定位受资助学生的个人信息。这种手段的更新，对于资助工作者而言，是工作创新的基础和前提，也是工作顺利进行的重要保障，而对于

受资助者而言，则是完成学业、接受社会服务的最新福利。除此之外，现代化的手段还体现在利用多媒体、电子信息技术等方式增强资助育人工作的宣传、普及和推广，渗透资助育人的理念和社会文化等方面。

　　资助手段的现代化是资助工作与时俱进的必然趋势，但对于它育人的实效性却不能急于下定论。现代化的工具容易使人脱离本源性的内容，且越精细的工作越容易出现细节上的错误，进而影响最终效果。事实上，在运用现代化工具完成资助工作的时候，经常会发生信息录入、导入时的错误，反而使基础工作变得烦琐，而决策者在读取数据进行分析的时候，也更容易从数据而不是一线工作的角度来做出相应的判断。因此，资助工作的实效不能完全依赖于现代化、大数据、信息化等手段，还应配合以传统方式，如走访调研、思想教育等，将育人和资助融为一体。

（四）资助工作能有效促成学生学业完整，但仍然面临高职生受资助教育的特殊性

　　2000 年，我国实行了助学贷款制度，2003 年，四部委对国家助学贷款进行了重大改革，建立了以风险补偿机制为核心的新机制。2004 年，又将还款期限延长至最短——学生毕业后 6 年。同时，2007 年，我国建立了国家励志奖学金制度，标准为每年每生 5000 元，助学金的标准也一再提升，从 2000 元提升到 3000 元，特别困难的学生可受资助达 4000 元。加之奖学金、勤工助学、学费减免等，我国的助学范围几乎覆盖了所有经济困难的学生，有效促成了学生学业过程的完整。

　　我们经常发现某些经济困难的高职生的学习成绩并不理想，甚至还存在心理上的困境。有些高职生学习热情不高，对助学金存在"等靠要"的心理，而对奖学金较为冷漠。一些学生甚至还存在"套取"国家资助的心理或是行为，这对于高职资助的育人属性而言，是一个较为严峻的挑战。

二、创新发展高职资助育人工作的几点建议

（一）结合国家政策和制度，增强高职院校自主管理权，制定更为详尽的规定

　　国家的资助制度和政策非常多，资助力度非常大，高职院校若完全遵照国家层面的制度、政策执行，有时难免会"茫然"地"望文生义"。原因就在于从国家层面来讲，通常会为了考虑地区和院校的差异，在政策制定时要关照全局，无法针对某一院校、某一学生群体制定过于详细的政策。如在生源地助学贷款方面：什么样的家庭经济才算困难？什么样的学习成绩才是优秀？什么样的学习态度才算积极上进？政策文件对此还没有具体说明和界定。笔者建议，是否可以增强高职院校的自主管理权，结合本校本地区情况，在遵循国家助学政策的前提下，在学校内部制定更为详尽的规定，将资助育人工作做实做细，提升资助育人的实效。

（二）结合思想政治教育工作，重视对学生进行思想引导

资助育人和思想政治教育在理念、功能、方法等方面存在互通和促进关系。首先在理念方面，资助工作不但能让贫困学生上得起学，让品学兼优的学生在学习方面得到更大发展，而且也能让学生的思想认识得到提升和发展。如我们经常进行的感恩教育、诚信教育、文明教育等，都是思想政治教育的重要内容，也是资助工作的重要方面。其次，在功能方面，思想政治教育往往在学生遇到心理问题、三观问题或者情绪问题时，成为学生人生成长道路上的工具和法宝。如思想政治教育的疏导功能、激励功能等，这些功能在源头上也适用于大学生国家资助工作。再次，在方式方法方面，一些指导性的实施途径也是一致的，可以运用思想政治教育讲求实事求是、公平公正、积极引导等方法，使思想政治教育理念深入人心，同时兼顾渗透资助育人的理念。

（三）结合高职生特点，运用现代与传统相结合的方式进行资助育人工作

高职生的资助育人工作可以说比本科、研究生更加难以把控，除了要利用好各类平台、系统和多媒体设施之外，还要兼用传统的资助育人方法。首先，要用人性化的手段关注学生的心理状态和变化。其次，要注重隐性资助的方式，注重保护学生的隐私，开拓资助的形式，要注重各类学生的想法，将有偿资助和无偿资助结合起来。同时，还要注重资助客体的千差万别，挖掘典型事例，不断激发受资助者的自信心等。再次，要运用思想教育和教育资助在基本范畴、环境优化、教育内容、基本方法、评估和管理等方面的密切联系，将思想政治教育有效融入教育资助中，提升资助的实效。如运用辅导员、班主任谈心谈话、思政课教学、专业课老师课堂渗透、朋辈辅导、社团推进等方式，全方位运用传播途径渗透资助育人的理论和实践，推动高职生在心理和思想上接受、了解、领悟资助的内涵和意义。

（四）结合社会资源，开拓资助育人领域，共建资助育人机制

首先，在高职院校学生群体中，目前普遍存在一些负面的认识，即认为个人能否顺利完成学业，国家有着不可推卸的责任，导致部分学生觉得自己的学费理应由国家和政府来买单，进而对于一些奖助学金持着"等靠要"的态度，这是由国家资助政策的力度空前之大所带来的负面效应。对于教育本身而言，这是不利的。另一方面，作为国家政策的传播者、教学育人的执行者，学校对于高职生的资助又有着最为重要而直接的责任，学校有义务也有必要为了高职生顺利完成学业做出努力。不但要根据国家和政府的理念，将资金传送到位，还要构建适合自身特点的资助育人机制，完成教育的使命。这就需要开拓资助育人的领域，广泛联络社会各个领域，通过共建的方式增强资助育人的能量，要与社会各界资助者形成育人的共识，将资助和技能、学业、励志、诚信、友爱等正面因素结合起来。要让学生看到，学校的资助不仅仅是国家资助，更不是依靠"等靠要"就能获得的资助，而是来自全社会，包括国家政府的资助，是用于学生学业进步与各项素质提升的相关资助。

只有这样，才能摆脱某些学生错误的受资助心理，提升资助育人工作的实效。

高职生的资助育人工作不但是一项日常学生工作，而且还是一项亟待创新突破的工作。事实证明，传统单纯的"救急救困"已经不能满足资助育人的现实需求。在社会经济快速发展和人民对美好生活追求的现实背景下，高职生的思想教育、心理健康教育应与经济上的资助形成互补、互融，并形成新时期特有的资助育人内涵和形式。因此，必须采取符合新时期学生特点的，更加具有人文性的方式方法，集合社会各方资源对学生进行资助，相关路径和措施还需在今后的高职资助育人实践中进一步总结归纳。

第四节　高职院校多维资助模式创新构建思考

党的十九大报告中，重点强调了健全学生资助制度，建立家庭经济困难学生资助政策体系，解决贫困家庭学子在入学和完成学业过程中的困难。目前，高职院校资助工作仍然存在家庭经济困难学生资助对象认定困难，资助资金监管不到位，民主评议欠真实等问题，高职院校对困难学生资助工作尚未形成健全的资助体系。对于如何减少高职院校贫困生，不让一个学生因家庭经济困难而失学是高职院校学生工作者亟待解决的一个难题。

一、高职院校学生资助政策以及资助现状

（一）高职院校学生资助政策

高等职业学校在校学生，只要符合国家规定条件，且符合所在学校有关资助政策规定的，都可以享受国家的困难学生资助政策。截至 2017 年，国家建立了高等职业学校家庭经济困难学生资助政策体系，其中分别是国家奖助学金、国家助学贷款、基层就业学费补偿贷款代偿、勤工助学等多种有机结合的高职院校资助体系。解决困难学生学费问题，可选择绿色通道、国家助学贷款等方式按时报到。入校后，通过摸查核实所有学生家庭情况，进行分类资助。解决困难学生生活费问题，以"国家助学金＋勤工助学"相结合的方式。此外，社会各界人士面向高等职业学校设立奖学金、助学金，帮助高等职业学校家庭经济困难学生顺利入学并完成学业。目前，已基本形成了"政府＋学校＋社会"的资助政策体系。

（二）精准资助是教育精准扶贫的重要体现

2013 年，习近平总书记在湖南湘西考察时提出了"实事求是，因地制宜，分类指导、精准扶贫"这一思想。首先，资助贫困大学生是精准扶贫的重要组成部分。精准扶贫贵在"精准"，根据不同地区、不同家庭情况来制定不同政策帮扶贫困家庭，帮助贫困家庭及

个人脱贫。贫困大学生来自于不同情况的贫困家庭，一名贫困大学生加重了贫困家庭的负担，但承担着一个家庭的希望，精准资助困难学生完成学业，对整个贫困家庭来说至关重要，是精准扶贫的重要对象。其次，资助贫困大学生是精准扶智的具体体现。孩子是父母的希望，是一个家庭和祖国的未来。在精准扶贫中，有很多贫困家庭是由于家庭困难，无法让孩子接受教育，导致祖辈在老家务农为生，生产力低下，形成恶性循环。资助贫困大学生是将扶贫与扶智相结合，打破固化思维，提高贫困家庭的整体素质，为从深层次解决贫困家庭困难提供智力支持。第三，资助贫困大学生是精准脱贫的有力支撑。在精准识别受资助对象中，有很多家庭是因孩子上学，导致家庭贫困，对这部分贫困大学生进行资助，帮助贫困大学生完成学业，解决贫困家庭的现实困难，扩大就业，建立更加科学的反馈机制，把学校资助脱贫与地方对贫困家庭脱贫结合起来，形成动态机制，确保因学致贫家庭精准脱贫。

（三）目前高职院校资助现状

1. 我国高等职业学校资助体系历史演进

从 1949 年以来，党和国家一直高度重视家庭经济困难学生资助问题，陆续出台并实施了一系列资助政策，使资助体系不断健全和完善。2005 年国务院下发《关于大力发展职业教育的决定》，重点提及"对高等职业院校学生的资助，按国家有关高等学校学生资助政策执行"，通过中央和地方财政安排经费、参加勤工俭学和半工半读作为助学重要途径、金融机构提供助学贷款等三种主要方式。2007 年，国务院下发《国务院关于建立健全普通本科高校、高等职业学校和中等职业学校家庭经济困难学生资助政策体系的意见（国发）（2007）13 号》文件，逐步建立起"奖、贷、助、免、补"为主的多元混合资助体系。在党的十九大报告中，再次重点强调了健全和完善学生资助制度，使绝大多数城乡新增劳动力更多接受高等教育，高职院校学生资助工作受到越来越高的重视。

2. 目前高职院校资助体系存在的弊端

高职院校家庭经济困难学生资助对象认定困难。由于我国地域辽阔，区域经济发展不平衡，城乡经济发展水平差异大，家庭经济情况悬殊，故导致贫困生资助对象认定标准不清晰，同时可能存在部分学生夸大虚假信息和生源地提供虚假证明，进一步加大资助对象认定困难情况。资助资金监管不到位，民主评议欠真实。在高职院校资助资金监管方面存在一些问题：一是资助拨付不及时，影响资助资金效益；二是资金管理不严格，可能存在截留、挪用、骗取、套取资助资金情况；三是报账制度有缺陷，财务管理有瑕疵，原始数据难以审核，致使资金难以体现资助使用真实性、合法性、合理性。在民主评议方面，由于是高职院校普遍采用班级内部民主评议，缺乏一定公平性和透明性。资助渠道单一，资助机制缺乏灵活性。当前以"奖、贷、助、免、补"为主的多元混合资助体系已在我国初步建立，但是实际上仍是以资金资助为主，资助渠道较为单一，同时资助体系缺乏灵活性，当家庭经济困难学生家中出现临时重大变故时没有明确应急资助机制因时而进，当当出现贫困生确实将助学金用于奢侈品及不正当的消费现象时，缺少动态调整机制。无偿资助比例过高，权利与义务不对等。从市场经济角度出发，强凋权利和义务相统一，无偿资助对育人无益，无偿资助忽视了社会回报率，单纯的资助资金会导致师生关系紧张，学生间关系紧张，校园环境不和谐。无偿资助比例过高，也会导致增加学生对资助金的依赖性，不利于学生自强自立发展。

二、创新构建高职院校多维资助模式

（一）创新认定方式，确保精准资助

目前对贫困生资格的认定主要依据学生自己填写的《家庭情况调查表》和学生入学时所携带的贫困证明，此依据所反映学生贫困程度的真实性缺乏保障。高职院校学生资助工作同时面临从"量"到"质"的转型，精准资助是提升高职院校资助工作水平的必然选择。因此，需要对贫困生精准资助做到层层加码、个个把关。

1. 建立"班导＋班委"精准筛选机制

持续不断推进资助助学工作与班级文化建设深度融合，通过班导（班主任与新生辅导员）共同做实做细入学前摸查工作。新生辅导员在新生入学前建立新生班级微信群、QQ群，通过言谈交流，掌握新生家庭"初步"经济情况。同时，由班主任根据学生档案信息与家长电话"家访"交流，扣好学生资助第一粒扣子，初步形成资助对象更新的基础机制。

2. 建立"助学监督班干部"验证监督机制

班级班委中设立"助学监督班干部"职务，定期组织国家奖学助学政策和学院奖学助学的辅导培训班，助学监督班干部学习掌握相关知识，辅助班主任做好学生奖、助、贷工作，确保评选工作的公平、公开、公正。并及时发现制止在评选过程中出现的不良行为。

3. 建立每月动态调整机制

学生经济困难程度处于动态变化中，存在学生家庭因病或突发事件致贫的情况，在具体工作中，安排助学资助学生干部与班级班委共同协作，收集学生家庭困难情况，并撰写工作报告形成一月一汇报材料，使学校与班级及时掌握学生动态情况。

（二）从严监管资助，强化专款专用

学生资助工作是一个庞大的系统工程，涉及资金、心理、档案、宣传等多个方面，尤其是重大资金的使用，因此，依托高职院校学生干部组织，在学生中成立助学资助部门，重点监管资助方面的工作。

1. 全面监督评选过程

一是助学资助部门下设家庭经济困难学生认定评议监督小组，负责现场监督各班民主评议贫困建档对象，以保证评选过程公正公开。二是对班级报的资助名单与申请进行审核、

认定，严格按照条件进行筛选。三是评审监管过程中，坚决制止班内搞平均分配、私相授受等情况，做好宣传、认定、公示监督全过程，让评审工作透明公开。

2. 全面严管资金使用

制定行之有效的监管制度，在学生奖、助学金下发之后，助学资助部门及时督促贫困生填写承诺书与《学生奖助学金责任状》，对将学生奖助学金充当班费、平分等现象做明确禁止规定，对贫困生做出不正确、不合理使用助学金的错误行为进行提醒。

3. 全面处理不当行为

助学资助部门下设学生资助资金使用监督小组，开启举报信箱，监督小组定期处理举报信息，追踪直到资助学生毕业一年内，对于贫困生确实将助学金用于奢侈品及不正当的消费的现象，取消建档资格，根据涉事对象身份进行不同程度处分，在学校范围内进行通报，涉及党员和主要学生干部的，加重一级处理。

4. 重点保护资助对象心理健康

高职院校资助体系对象是家庭经济困难学生，资助的不仅仅是经济，更多地需要是保护心理健康，目前面对多元化的价值体系，心理健康尤为凸显。通过在认定资助对象时，把资助对象的具体信息"模糊化"，在公示名单时删去家庭具体情况，从而保护资助对象心理健康。保护家庭经济困难学生个人信息和隐私，资助专员"拧紧这根弦"。

（三）拓宽资助渠道，实现"应助必助"

在保证国家对贫困学生设立奖助学金、学校为贫困学生提供帮扶资金等资助渠道畅通外，对未获得国家资助的贫困学生搭建平台，不断拓宽资助渠道，整合校内校外资源，确保实现资助学生全覆盖。

1. 按需提供勤工助学岗位

充分利用校内资源、校友资源，深入挖掘校内外兼职助学岗。在校内，建立学生助管岗、学生助研岗、学生校长助理岗、学生院长助理岗等岗位，在校外，依靠企业发展教育资助，推动职业院校与企业的密切结合，依靠"教育＋实践"相结合教育思路，以提高学生就业竞争能力为目的，以企业需求为运作平台，多方途径建立企业兼职、公司兼职等勤工助学岗位。

2. 建立兜底应急资助机制

及时把握贫困学生动态变化情况，做到与时俱进，动态调整，对因意外导致家庭经济状况发生突变的学生进行登记上报，及时启动兜底应急资助机制，提供尽可能的帮助。

（四）打造"资助＋"模式，突出育人导向

着力构建全面系统的资助育人机制，形成以"立德树人"为本的资助育人新体系，将培养学生全面发展作为资助育人工作的目标，在专业教育、志愿服务活动等环节，加强励

志教育、诚信教育和社会责任感教育，培养学生自立自强、诚实守信、知恩感恩、勇于担当的良好品质。

1. 打造"资助＋职业教育"育人新模式

以"授人以鱼不如授人以渔"为育人成才理念，拓展延伸学生的职业技能优势，打造与专业相切合的锻炼平台，为贫困学生提供助学岗位。

2. 创新"资助＋志愿服务"育人新途径

一是建立教工党员对贫困毕业生施行"一对N"精准帮扶制度，即一个教师党员负责精准帮扶N个贫困学生，主动帮扶贫困学生提供职业操作技能、面试技巧、求职简历修改、岗位信息提供等服务，帮助学生提升就业竞争力，实现更好就业与择业。二是为发挥志愿服务育人功能，与不同单位签署建立志愿服务基地，对受助学生进行感恩教育、实践教育，培养其感恩社会的意识，提高服务社会的能力。

三、高职院校学生资助实践探索的启示与建议

（一）建立全国高职院校学生资助大数据平台，打通"学生资助工作最后一公里"，点亮"互联网＋资助"新路径，提高高职院校资助工作数字化水平

通过大数据手段，可以有效使资助工作提质增速。一是上下协调联动，凝聚工作力，通过大数据平台，可以联动户籍地信息、建档立卡等信息，扩大信息采集渠道，节约识别成本，有利于精准识别，实现资助与扶贫共享双赢。二是突破传统资助定义，增加资助维度，通过大数据模拟家庭困难学生成长趋势，个性化资助，实现学生资助体系精细服务。三是严格数据管理，确保资助精准，依托大数据平台模拟资助数据，有助于资助目标的精确设定、准确定位、精准识别和资助成果的具体化，让"中国智库"惠及高职院校资助，让资助工作共享"互联网＋"红利。

（二）加强资助专项资金监管，进一步拓宽资助专员监管渠道，提高资助工作的可视化

建立资助资金监测信息系统，将高职院校资助资金监管与家庭经济困难学生家庭状况监测、高职院校定位发展开发规划等结合起来。参考国家扶贫资金报账制度，建立助学助资资金报账制度，确保资助资金监管做到"透明化、阳光化、公开化"，同时把司法监察和行政监督"引进来"，学校和教育部门要主动"走出去"。加强对政府部门资助专员的财政监管，围绕以助学资助资金为中心，服务高职教育发展为大局，加强对资助专员监督检查，是纪检监察工作的政治要求之一，是纪检监察部门服务高职院校的重要抓手，也是纪检监察部门开展工作的重要方式之一，让高职院校资助资金在阳光下运行，确保资金使用的安全性、高效性、精准性。

（三）深入推动高职院校学生资助绩效评价体系建设，确立学生资助工作测评标准与测评体系，实现动态化管理资助过程

建立完善的以能力资助为目的资助体系和以有效的资助绩效评估体系，不断提升高职院校资助工作的品质。资助贵在精准，重在育人，教育部门应当建立起资助资金绩效测评体系和资助专员资助工作成效双重考评制度，建立资助资金考评，使资助资金发挥最大效益，探索受助学生资金跟踪反馈机制，有利于形成鼓励机制，提高资助工作者的积极性。

参考文献

[1] 广东省普通高校奖学助学工作专业委员会. 高校学生资助工作思考与实践 [M]. 世界图书广东出版公司，2010.

[2] 李天友，杨胜君，庞国伟. 高校学生工作研究与实践 [M]. 成都：四川大学出版社，2015.

[3] 李小鲁等. 高校贫困生资助新视野 [M]. 广州：广东高等教育出版社，2011.

[4] 林娜. 高校贫困生资助新模式 [M]. 桂林：广西师范大学出版社，2008.

[5] 罗丽琳. 大数据视域下高校贫困生精准资助研究 [M]. 北京：知识产权出版社，2018.

[6] 曲绍卫，范晓婷，刘晶. 中国高校大学生资助绩效评估研究 [M]. 北京：中国社会科学出版社，2016.

[7] 沈东华. 高校贫困生资助体系运行机制研究 [M]. 徐州：中国矿业大学出版社，2014.

[8] 王娜. 新时代高校学生资助工作理论与实务 [M]. 北京：中国人民大学出版社，2020.

[9] 王世忠等. 民族院校贫困大学生资助政策体系研究 [M]. 北京：中国社会科学出版社，2015.

[10] 王喜雪. 多元视角下中职学生资助政策评价研究 [M]. 北京：北京理工大学出版社，2019.

[11] 王智丽. 新时代学生资助工作研究 [M]. 北京：经济日报出版社，2019.

[12] 吴跃东. 高校学生资助政策体系的教育公平问题研究 [M]. 上海：上海三联书店，2016.

[13] 徐国兴. 在效率与公平之间 大学生资助体系中政府定位的中日比较 [M]. 上海：上海教育出版社，2009.

[14] 薛卫民. 学生资助政策的实效性及可持续性研究 [M]. 福州：福建教育出版社，2017.

[15] 杨国洪等. 大学生资助体系的国际比较与借鉴 [M]. 广州：中山大学出版社，2013.

[16] 杨庆实 . 中国高校学生资助政策体系理论与实践研究 [M]. 北京：中国社会科学出版社，2017.

[17] 杨周复 . 高等学校学生资助政策研究 [M]. 北京：高等教育出版社，2003.

[18] 袁贵仁，张光明 . 完善家庭经济困难学生资助体系 [M]. 北京：人民教育出版社，2012.

[19] 张光明，周春树，刘桃初，黄建美 . 高校学生资助育人工作实践与理论研究 [M]. 长沙：中南大学出版社，2012.

[20] 张民选 . 理想与抉择 大学生资助政策的国际比较 [M]. 北京：人民教育出版社，1999.

[21] 赵贵臣 . 中国大学生资助体系德育功能研究 [M]. 北京：人民出版社，2015.

[22] 周航，易忠，蒋年韬 . 高校学生资助工作精致化管理的探索与实践 [M]. 成都：西南财经大学出版社，2016.